记忆中的我

王伟光 著

作家出版社

作者近照

作者简介

王伟光　哲学博士、博士研究生导师、教授、中国社会科学院学部委员。现任中国社会科学院党组副书记、常务副院长。曾任中共中央党校副校长。中共第十七届中央候补委员，中共第十六次、第十七次全国代表大会代表，第十届全国人大代表，全国人大法律委员会委员，中国马克思主义研究基金会理事长，中国辩证唯物主义研究会会长，邓小平理论研究会会长，马克思主义理论研究和建设工程咨询委员会委员、首席专家。1987年荣获国务院颁发的"做出突出贡献的中国博士学位获得者"荣誉称号，享受政府特殊津贴。

目　录

前　言

　　摆在读者面前的这本小册子分两部分。第一部分是我陆陆续续利用工作之余撰写的六篇自述性文章，回忆了从初中学生成长为党的理论工作者和领导干部的亲身经历。第二部分是有关报刊杂志刊登的关于我的七篇报道，记载了我的一些真实情况。这次把它们编辑成书，目的是为了总结自己，激励自己更好地为祖国、为人民、为党奉献。周业兵同志帮助我整理了文稿和照片，何建明同志大力支持，使得本书得以出版。在此谨向他们表示感谢。

2011年3月28日

于中国社会科学院院部大楼

第一部分

一、到大风大浪中去锻炼*
——新"长征"记事

在文化大革命期间，我曾经有过一段颇有传奇色彩的经历，打着"红军长征队"的红旗，从1966年11月中旬到1967年2月初，从北京步行串联到延安，一路走一路看，接触农村，接触农民，接触社会。可以说，我从初中开始就走进了社会大学。

中断求学"梦"

1966年，文化大革命的暴风骤雨打破了我这个初中应届毕业生的美好梦想——当一名文学家或历史学家。我从小就喜好文学，喜好历史，特别崇尚中国古典文学，崇尚中国古代历史。当我具有初步阅读能力时，我就开始大量涉猎中国古典文史哲名著名篇。在这方面，我初中的语文老师郭富文对我产生了潜移默化的影响。

小学三四年级时，我就开始阅读中国古典文学名著《红楼梦》、《西游记》、《三国演义》、《水浒传》、《隋唐演义》、《三言二拍》、《三侠五义》、《说岳全传》、《老残游记》、《古文观止》、《唐诗三百首》等，还有四书五经之类。每读完一本书，我就要讲给同学们听。我是在北京市海淀区马神庙中心小学（现在的北京市阜成门学校）读的小学。在旧社会，学校的名字叫"育才"学校，是一个教会学校。当年校园中还有一位传教士的坟墓，据传是学校的创办者，具体叫什么名字，是哪国人，我都记不住了。我家住在海淀区老虎庙全国总工会干部学校院内，从家走到学校，一

---

* 该文发表于中共中央党校《研究生教育》2007年第4期。这是作者在《研究生教育》上发表的第五篇回忆性文章。

般需要30分钟到40分钟时间。每天上下学路上，都有一群同学跟着我，听我讲《水浒传》之类的故事。我就像说评书似的，走一路讲一路。当然，一次只讲一段，下段如何，"且听下回分解"。

上高小时候，我已读书入迷。家里的书、同学的书、老师的书……凡我能借到的都借来读。我连上厕所时都在读书，为此弟弟妹妹经常与我抢厕

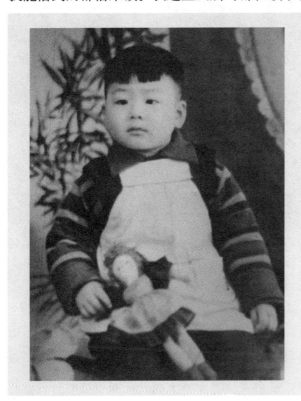

五岁时

所，还到父母那里告状，说我"占着茅坑不拉屎"。我家里孩子多，父母亲养育四个孩子，我是老大，下面有两个弟弟，一个妹妹。二弟王亚光，三弟王殿光，还有一个小妹妹王四光。同时父母亲还要供养爷爷、奶奶和姥姥，家里并不富裕。我们几个孩子穿的鞋，都是姥姥做的，基本上不买鞋穿。家里没有多余的钱供我买书读书。但是，我嗜书如命。怎么办呢？一是借。只要能借到的书，我都借来读。二是到书店看，书店都是开架售书，可以在书架前随意寻找喜欢的书，免费浏览。旧书店是我常常光顾的特殊书斋。我常

儿时全家福

去的几个旧书店，一是新街口旧书店，一是东单旧书店，一是王府井东安市场旧书店。一般情况下，我是星期天去，这样可以整整待一天时间。坐一段车走一段路。有时，为了省钱，甚至要从家走到王府井东安市场旧书店。从家走到王府井，要走两个来小时。吃完早饭，七点半钟出发，十点前到东安市场旧书店。中午，买两个火烧吃，下午四点半，回家吃晚饭。有一次看书入了迷，一个陌生人要借用我的学生证，我没在意，顺手就拿给了他。过了一会儿，一个警察来找我，把我带到了东安市场派出所。警察问我，这是你的学生证吗？我说，是。他指着一摞线装书问，这些旧书是你委托他人卖的吗？我把学生证如何给了陌生人的情况如实告诉了警察。警察半信半疑地给我父亲打了电话。通过父亲和警察的交涉，才搞清楚，向我借学生证的是一个盗书贼，他偷了一些珍贵的线装孤本，用我的学生证到旧书店去卖，被旧书店检举到了派出所。此人一看大事不好，一溜了之。因我的学生证留在旧书站，我便做了替罪羔羊。父亲知我是无罪的，又是为了读书，已经一天没有吃东西了，破天荒地带我到北京饭店斜对面的西安羊肉泡馍馆吃了一碗热乎乎的泡馍。因钱和粮票两层原因，父亲只是要了一碗热汤喝，看着我吃完了泡馍，才一起乘车回家。回家的路上，父亲讲了一路，告诉我如何增长社会生活经验，告诉我只读书是不行的，还要了解社会，增长社会经验。

我的中学母校是现在的首都师大第二附中。我上初中后，更是钻进了书堆，成为书虫。为争取多读书，我在上第一堂课时，就把一天的作业都做完了。因为所做的作业是估计老师可能留的作业，故此做完的作业往往超出老师留的作业。剩下的几堂课，老师讲老师的，我在书桌下面偷偷地看课外

"文革"期间与母亲弟妹合影

书。因每次考试成绩都不错，老师对我也比较喜欢，对我课上偷着看书，也是睁一只眼闭一只眼。有一次，我在课堂上看书，老师突然向我提问，让我回答。我虽然手足无措，但还是比较好地回答了老师的问题。老师说："王伟光同学有两个脑子，他可以一边听课，一边看课外书。其他的同学如果有这个本事，也可以这样做。"

我的高小和初中时代，都是在读书中度过的。我这里所说的读书，是除了正常的学校课程学习之外的读书。我认为，少年时期是人的一生中记忆力最好、求知欲望最强、接受新事物最快的时期。在这个时期，我几乎把自己能找到的中外文学名著都大体浏览过了。当然，很多都是囫囵吞枣，不求甚解，甚至消化不良。这时我还不知天高地厚地做着文学梦，想成为一个大文豪。在做文章方面，我已经表现得稍稍有一点点才华。我的许多作文都被作为全班或全校的范文，推荐给全班或全校的同学借鉴，其中有的文章还被选入中学生优秀作文选。为了增长自己的文才，我给自己定了背成语、背诗词、背散文的计划。至今许多优美的诗歌、散文，我还能背下来。中国当代四大散文家杨朔、秦牧、魏巍、刘白羽的许多著名散文，如《荔枝蜜》、《花城》、《谁是最可爱的人》、《白杨礼赞》等等，我都可以背下来。

整个少年时代，我一直在做一个梦，梦想当一个文学家，或者诗人，或者散文家，或者作家，一直在寻梦。然而梦想毕竟是梦想。 文化大革命这场飞来横祸，彻底打破了我的文学梦，中断了我的学业。当时的中国进入了"读书无用论"和"白卷先生"的荒诞时代。

"逍遥派"和"保皇党"

对于正在寻文学之梦的我来说，文化大革命好像是"突如其来"的风暴，使我这个小小的初中生感到茫然、痛苦，无所措手足。与自己朝夕相处的同学有的成了造反派，有的成了逍遥派，有的成了保皇派或黑"五类"狗崽子；教我的老师、爱我的父母成了走资派、坏分子、黑"五类"、臭"老九"；相濡以沫的从幼儿园就在一起玩耍的小朋友反目为仇，成为互相对立的敌对阵营的对手。我的父亲因反对大学生造反，被当做有历史问题的走资派揪了出来，下放到天津茶淀劳改农场劳动。母亲也因所谓的"经济问题"下放到基层商店站柜台。我因家庭问题，不能参加红卫兵和革命造反组织，成为名副其实的逍遥派。通过读书所构建的"真善美"的道德准则，使我在骨子里成为保皇派。文化大革命大风大浪的冲击已经让安静的校园再也安静不下来了。学校的校长、老师们被陆陆续续地揪了出来，学生们成立了各种红卫兵造反组织，把能占领的学校房子全部占领，成为形形色色的红卫兵组织的司令部驻地。像我这样的学生，已经无法在教室里安静地读书了，只有回家。我当时唯一能做的是到各个大学、中学去看大字报，收集文化大革命的各种小报和信息，了解文化大革命的动态。当时，我每天骑着自行车到北大、人大、清华等大学校园去看大字报，去看大学的造反运动。

我亲眼目睹了许多惨无人道的打人场景。一天，我到学校去，刚走到学校大门，就听见校园里一片打骂声和惨叫声。我看到十几个身穿军装的红卫兵小将手持武装带拼命殴打学校一个工友，该工友是负责给学校教工食堂送菜拉货的，据说是刚刚清查出的从农村逃到城市的地主分子。人已经被打得浑身是血，伤痕累累，躺在地上连发出呻吟声的气力都没有了。即使如此，雨点般的皮带棍棒还不停地打在他的身上。听说他已被皮带棍棒交加、拳打脚踢一个多小时了。所谓"革命"的激情已经让一些天真的少年丧失了理智，失去了人道，成为摧残生命的打手。围打的有许多人还是我们年级的同学，平时柔情似水的少女、温文尔雅的少男完全变成另一副样子，简直成为穷凶极恶的凶手。我只看了一眼，就再也看不下去了。后来听说，该工友在家人用平板车把他拉回家的路上，就悲惨地死去了。这是我一生中第一次看到的把一个大活人活活打死的悲惨场面。至今回想起来，这种践踏人权、草菅人命的景象，仍然历历在目，斑斑血泪时时闪现眼前。

"文革"期间我们班的男同学

　　我亲眼见到的另一起悲惨景象，是我的中学校长被红卫兵追打。平时戴着金丝眼镜文质彬彬的女校长，被她的学生——一群红卫兵追打，被迫在昔日她的学生、今日"革命造反派"的红卫兵的棍棒淫威下，俯首承认是自己学生的罪人。

　　还有一回，我到北京大学去看大字报。看到一群身穿蓝布衣服的人，身上挂着白纸黑字的大牌子，上面标明他的罪名和身份，在红卫兵监视下，顶着炎炎烈日拔草，其中就有赫赫有名的北大党委书记陆平和北大一些著名教授。他们旁边就是虎视眈眈、手持棍棒皮带的打手，这些人稍不满意，动辄就会打人。

对于这些人间惨剧，我很不理解。当时我也想跟上社论"横扫一切牛鬼蛇神"的精神，但无论如何也理解不了。难道这就是无产阶级专政和所谓的阶级斗争吗？看来我的思想境界顶多只能是一个逍遥派和保皇党的水准了。

要到大风大浪中去锻炼

因我属于"可以教育好的子女"之类，故此既不能参加红卫兵组织，又不能参加各种政治活动。1966年，毛泽东同志先后几次在天安门广场检阅红卫兵，全国兴起了"革命大串联"的高潮，我都没有资格和机会参加。只是到了1966年初冬，一个偶然的机会让我去了一次长春，也算坐火车参加了一次"革命大串联"。当时我的一个很好的小朋友，给了我一张空白介绍信和一个红卫兵工作证，盖了"首都红卫兵司令部"的大章。我就一个人带了一些粮票和现金乘火车去了长春（当时只要有证件就可以上火车，就可以到处吃住）。在火车上，"串联闹革命"的红卫兵太多，在车厢里找不到座位，我只能坐在火车车门的过道里过了一夜，第二天天亮到了长春。在日本侵略者占领东北时，长春是日本侵略者扶持的伪满洲国的"国都"。长春城市规划很好，绿化也很好。下了火车，我拿着介绍信到红卫兵接待站分配住处，住进了吉林师范大学的学生宿舍。

住进吉林师大时，天已经黑了。住下后，我拿着饭碗到食堂排队吃饭。到了取饭窗口，炊事员问我要多少高粱米饭，因我当时正处在长身体时期，饭量特别大。俗话说："半大小子，吃死老子"。我一张口，就要八两高粱米饭。炊事员不给，只讲了一句"要节约闹革命"。我以为人家嫌我吃得太多，要节约粮食。我就再次回答"要六两"，人家仍不给。我又回答，"要四两"，人家还不给。我正在疑惑不解时，一位大学生好心告诉我："人家不是让你少吃，是让你对答出一条语录。"我恍然大悟，突然想起了毛泽东同志在《湘江评论》中的一段话："世界上什么问题最大，吃饭的问题最大。"就随口背出这条语录做了回答。炊事员又问"要多少高粱米饭"，我鼓了鼓勇气，坚定地回答"要八两"，炊事员一饭勺就给了我八两高粱米饭。当晚，就着冻白菜汤，我吃了一顿饱饭，这恐怕是我为"解决温饱"，而经受的第一次风浪的锻炼吧。

这是我第一次去长春。第二次去长春是在黑龙江北大荒支边期间，我们一起劳动的一个小伙伴陈长兴（是当地老职工的孩子），被推荐上了吉林大学化学系。我从黑龙江回北京探亲，路过长春下车去看他。当时我印象中的长春，最吸引人的有三个地方：一是长春电影制片厂；一是长春第一汽车制造厂；一是斯大林大街、"八大部"建筑和放射状的街道。我同陈长兴一起，当了一次"侠客"，因从大门进不去，只能翻墙进了长春电影制片厂。我们跑进摄影大棚，大摇大摆地"参观考察"了一番。

我第一次到长春住在吉林师大那几天，感觉到"武斗"的空气越发紧张，大街上是满载造反派和被揪斗的"走资派"的大卡车疾驰而过，满院子到处贴的是大字报，空气中弥漫着股股杀气。这次去长春，暴露了我涉世不深的毛病，应当接触社会，接触实践，接触群众，到大风大浪中去锻炼。于是便萌发了我徒步串联，走出北京，到广阔天地走一走、看一看的想法。

徒步串联的准备

正当我踌躇满志，考虑如何徒步串联，走上社会，锻炼自己的时候，报纸发表了一支红卫兵队伍徒步串联，走长征路的消息，为此《人民日报》还专门发表了社论，鼓励红卫兵徒步串联，到大风大浪中去磨炼。当然，这也是减缓乘车串联带来的交通拥挤问题。这则消息给了我很大的启发，我开始考虑和筹措徒步串联问题。

首先是人员组成。队伍太大不行，行动不方便。队伍太小也不行，没有气魄。我考虑6-8个人比较好。人员主要从"可以教育好的子女"中选

十六岁时（步行串联前留影）

择，主要从我们班同学中选择。因为，出身好的红卫兵乘车串联走了不少地方，对徒步串联兴趣不大。在同班同学中找，比较熟悉，也好协调。我们班许多同学是学校篮球队的主力，跟我比较好的几个同学，都是篮球队的，如马胜利、陆庆生和我。马胜利球打得好，并且是球队的核心球员，有一定的号召能力和组织能力，我先找他商量，没想到一拍即合。马胜利又找了他的好朋友，其他班的胡培、陈威和张起。我们这几个人都是"走资派"、"有历史问题"、"右派"、"富农"的子弟。这样一来，我们这支长征队伍就组成了。

队伍组建了，我们就开会着手进行各项准备工作。首先是思想准备。我们在一起学习了毛泽东同志关于"长征是宣言书、长征是宣传队、长征是播种机"的伟大指示。二是路线准备。我们打算从北京出发，穿过燕山山脉，进入太行山区，经五台山、太原、汾阳，到吕梁山脉，至柳林县军渡渡口过黄河，到陕北高原，奔延安。三是物资准备。每人一背包，被子、褥子、必要的换洗衣服，军用水壶，洗漱用具，书包等。随身带了粮票和人民币。四是其他准备。我们牢记"长征是宣传队"的指示，还带了油印机、二胡、快板、笛子等乐器，排演了一些小节目，准备路上发一些传单，演一些小节目。同时，我们还做了一面红旗，上面写着"红军长征队"。仅用三天时间，我们就完成了全部"长征"准备工作。

夜宿燕山小山村

我上中学时，看过一个电影《背篓商店》，描写的是北京郊区燕山山脉中的一个山村小商店的职工们，在党支部带领下，数年如一日送货上门，为农民服务的模范事迹。《人民日报》曾发表社论，提倡"背篓精神"。我们安排的长征路线第一目的地，就直奔"背篓商店"。

1966年11月16日上午八点我们从学校出发，走卢沟桥、长辛店、良乡、房山、周口店，然后进入燕山山脉，直奔"背篓商店"。途中，我们第一个宿营地是长辛店，中间经过震惊世界的七七事变发源地——卢沟桥。住在长辛店的第一个晚上，我们听了一场二七大罢工老工人作的革命传统报告。辛苦了一天，晚上睡觉时，我们才发现每个人的脚板上都起了水泡。大家挑了泡，洗了脚，才入睡。在油灯下，我写下了第一篇长征日记。第二天，经过周口店——北京猿人发源地，跨进燕山山脉。

进入山区，走的是山路。沿山路正在修战备公路，我们中午饭就在修战备公路的工棚里吃修路工人的伙食，主食是大馒头，副食是猪肉白菜汤。饱餐一顿，继续上路，经过了黄山镇"背篓商店"，我们作了采访。第二天，进入河北涞水县境内，我们一口气走了80里地。山里天黑得早，一路走，一路问路。有的老乡告诉我们还有十里就到目的地了，有的老乡告诉我们还有二三里就到了，并提醒我们山里有狼，要注意。我们摸着黑走山路，提心吊胆走了一个半小时，才到了一个小山村，叫革命圩。小山村也设立了红卫兵接待站，村里的乡亲们热情地接待了我们。在一位农民家里，我们吃了派饭。这顿饭主食是小米捞饭，副食是用小米汤做的菜汤，有点盐和土豆、胡萝卜之类，没有油水。胡培同学是管后勤的，带头刷碗。大家紧跟着动手收拾，我这是第一次刷碗做家务。晚饭后，我们不顾劳累，在村部组织了一场演出，宣传毛泽东思想。我说了一个对口词，别人说了快板书，还有二胡独奏等。村民们一个劲地鼓掌。

紧接着几天，我们靠着两条腿一路走来，途经庄台户、马各庄、白涧等村，渡过拒马河，穿过紫金关，途经"狼牙山五壮士"的英雄壮举之地。我们徒步串联第一次住的县城，就是涞源县城。在那里，我们还参加了全县学习《毛泽东选集》积极分子大会。上路几天来，我当时的感觉和体会是：第一，城乡差距很大，山里的农民生活很苦。接触农村、接触农民、接触贫困山区，对我是一个很好的锻炼；第二，中国农民朴实无华，觉悟较高。我们走的地方都是革命老区，农民对共产党很有感情，对毛主席很有感情；第三，一定要树立甘为人民"吃大苦、耐大劳、出大力"的理想和精神。11月27日，我们翻过驿马岭，进入山西省境内的灵丘县。我们考察了山西刘庄惨案发生地，参观了平型关大捷的抗日战场，了解了山西抗日战争的情况。

翻过五台山

我第一次听说五台山，是小学读《水浒传》时，从"鲁智深大闹五台山"这一回得知的，知道五台山是中国著名的四大佛教圣地之一，是文殊菩萨的道场。

上五台山之前，我们连夜赶到了五台山山脚下的岭底大队，住在队长家里。队长是一个很厚道的农民。他告诉我们，五台山夏天山顶都有雪，很冷。更何况冬天，风大，寒冷，路难走，刮起大风，可以把鸡蛋大的石头刮得满天飞，风大到有可能把人吹到山下。听完以后，我们开会认真研究了上山的准备工作。第一，头天晚上吃一顿饱饭，以保持充分的热量。第二，做好防寒和行装准备。第三，研究上山路线，尽可能走好路。第一条，我们没有办到。因为，当地老百姓冬闲时很少吃干粮，只喝稀的，还是"瓜菜代"。当天晚上，我们只得饱餐一顿水煮土豆和胡萝卜咸菜。我们六人一共吃了十二斤土豆。饭后，我们在土炕上熟睡一夜。

　　第二天一早，我们背起行装开始上山。走到半山腰，突然狂风四起，阴云密布，寒风刺骨，天降大雪，狂风吹得地上的石头直打滚，人根本站不稳。在狂风暴雪中，我们艰难地行走了五个多小时，终于攀登到五台山的中心地带——台怀镇。12月1日我们登上了五台山。天气真奇怪，到了山顶，反而风平天静，雪也不下了，冬日的阳光格外喜人，照在人身上暖洋洋的。我们这一支小小的"长征"队伍，走在台怀镇弯弯曲曲的山镇街道上，受到僧人们和俗人们的高度关注。环绕着台怀镇林立着大大小小几十个庙宇。然而，文化大革命期间的五台山已经没有佛教圣地香烟缭绕、香客云集、僧人会聚的景象，只是透出一派"文革"武斗的杀气。随处可见穿着军装、戴着红袖章的红卫兵、造反派，随处可见寺院墙上的大幅标语和大片大片的大字报，口号声此起彼伏，震天动地。僧人们也分成两派，参与了山西的派性斗争。然而令我感到惊奇的是台怀镇的商业街仍然呈现出一派宁静，一个个小店铺都在出售山货和日用品。食品店的大玻璃瓶子里放着诱人的五台醉枣，柜台里摆放着通红通红的山西大枣，还有薄如帛纸的山西薄皮核桃。店员们似乎与文化大革命无缘，只是专注于他们的生意。看来，普通老百姓还是要过日子的。我们住在五台山一所大的寺院里，名字我已记不清了。奇怪的是寺内尼姑与和尚住在一起，相安无事。我想，文化大革命已经打破了和尚和尼姑的界限了吧。我们只在五台山住了一个晚上，第二天就动身下山了。

"革命虫"

下了五台山，沿着汾河水一路走来，在定襄县城住了一夜，走到忻县地界。沿着公路一路走，越走越觉得浑身奇痒无比，而且全队每人都有这样的感觉，严重影响了行军速度。为了不影响正常行军，我提议，请大家坚持，每走五十个电线杆子的距离，可以放下背包，处理一下奇痒的问题。我发明了一个好办法，背靠在电线杆上，上下移动，通过与电线杆子的摩擦，来解决奇痒的问题。就这样我们坚持走到忻县豆罗镇。我提出，是否皮肤生病，应去豆罗公社医院检查治疗一下。在豆罗公社医院，医生请我脱去上衣，进行了仔细检查，看了几遍，明确告诉我，皮肤没有病。医生说，你把衣服拿来，我看一看。我把衣服递给医生，他翻开衣服，指着衣服里密密麻麻的虱子说，你不是得了皮肤病，而是养了一堆"革命虫"。原来奇痒无比的原因是虱子作祟，而不是皮肤病。我们这些城里长大的孩子，根本不知道虱子是怎么回事，当奇痒无比时，只想到皮肤病，根本想不到长虱子。医生告诉我，由于一路住在老乡家里，染上了虱子，再加上长期以来不洗澡，不卫生，致使虱子繁衍很快，传染了我们"全军"。医生还告诉我，在战争年代，在革命队伍里，生虱子很正常，大家戏称之为"革命虫"。医生还交代了我一些处理虱子的土办法。我回到住地，把情况向同学作了介绍，大家纷纷翻开衣服捉虱子。我在衣服胳肢窝处就抓了二十多个虱子。衣服缝子里，到处是白花花的虱子卵。如何处理"革命虫"，我们专门召开了会议。大家一致决定，在豆罗镇休整一天，处理虱子问题。大家分头找了一些木柴，又找了一个大汽油桶，把脏衣服脱下来，放在汽油桶里，用烧开的滚水消灭虱子。经过这次"革命虫"的考验，我们这些初中生似乎成熟了许多，好像一下子明白了许多道理。在豆罗镇我们还参观了抗大校史展。

从那一天开始，我们每天晚上睡觉前，除了写日记外，又多了一个抓"革命虫"的必修课。徒步串联结束后，我回到家里，母亲让我把行李丢在门外，到洗澡堂子洗完澡，从里到外换一身干净衣服再回家。看来，从过去年代走过来的母亲对解决"革命虫"问题，还是富有经验的。

走进大城市

从五台山一路下来，进入太原小平原，我们夜宿阳曲县阳曲镇。第二天准备挺进大城市——太原。

1966年12月6日夜，我们进驻太原城，住在太原市省商业厅招待所，整整住了一个星期。白天，我们分别到各大专院校看大字报，了解山西文化大革命的形势。当时山西文化大革命的一个主要活动地点在市中心的大会堂，整个山西文化大革命的重要活动都集中在大会堂。我们几个人几乎每天到大会堂旁观批斗会、辩论会，山西各方面的政治上的头面人物都在这里出场。

在太原的大部分时间，我们都是在了解山西文化大革命的情况，只利用半天时间到太原的中心闹市区逛了一次。柳巷是太原最热闹的商业区，大大小小的商店、饭店栉比鳞次。特别是走到饭店门口，一股股肉香和醋香扑鼻而入，引起我们无限的遐想和欲求。孟子讲"食色，性也"。这时，我们才感觉到，从北京出来，走了近一个月，一点荤腥都没有沾上，甚至连油水都很难闻到。大家一致建议是否找一个饭馆增加点油水。文化大革命期间，柳巷一条街的饭馆很多，但大部分都改名了，什么"卫东"饭馆、"东方红"饭庄、"文革"酒楼等等。我们选了一家饭店，发现红烧猪肺最便宜，一共买了三斤猪肺，每人两碗米饭，大家饱餐了一顿。不足部分，兑点不要钱的老醋和酱油。

访刘胡兰故乡

"生的伟大，死的光荣"，这是毛泽东同志为女英雄刘胡兰的题词。这个题词充分体现马克思主义的人生观和生死观。刘胡兰是我从小崇拜的女英雄，她的英雄事迹一直感染着我，使我内心常常产生一种为人民献身的英雄冲动。她的人生观和生死观中所包含的不朽精神，激励了我一生，引导了我一生。

离开太原，我们沿着汾河水，连夜行军直奔汶水县云周西村刘胡兰的故乡。天蒙蒙亮时，路过太原晋祠地区，我们看到路旁都是稻田，流水潺潺，一派江南景象。三十多年过去了，我当副校长后，再次去晋祠，已经看不到当时的景象了，环境污染很厉害。我们12月6日夜里到太原，15日夜十一时半离开太原，直奔文水贯家堡，一口气走了一百四十多里地。

因为我们走的是山西富足的汾河流域——太原小平原地区，一路上，充分感受了这里农民的殷实。每个村子里几乎都是高墙大院、灰砖灰瓦的砖瓦房。这些村子很大也很古老，村头的老槐树充分显示了村子的古老与沧桑。现在看来，当时我们可能也经过类似乔家大院的古老民宅，只不过是没有进去而已，更不知道它们的历史文化价值。村子周边是整齐划一的农田，有崭露头角的麦苗，也有齐齐整整的水田，显现出农耕生活的丰裕。这同在太行山区见到的贫瘠山村形成鲜明的对比。当然，宁静的山西农村生活中也透出一股肃杀之气，村庄的墙上到处是杀气腾腾的文化大革命口号，如火烧×××，油炸×××，打倒×××，把×××打翻在地，再踏上一只脚，让他永世不得翻身……

云周西村就是这样一个位于山西汾河流域的普通村庄。如果没有刘胡兰，这个村庄同中国农村千百万个村庄一样，也将是默默无闻的。

12月17日，我们进驻云周西村胡兰中学，12月24日离开，一共在云周西村住了七天时间，做了一次认认真真的农村调查，近距离地接触了山西普普通通的农户，近距离地了解了刘胡兰——作为普通村姑生活、成长的环境和身为英雄的许多鲜为人知的事情。我们参观了刘胡兰纪念馆和烈士墓，听了刘胡兰战友陈德林讲述刘胡兰的英雄事迹。12月20日又搬进了贫下中农家里住，白天参加劳动，晚上做农村调查。我们连续两个晚上到刘胡兰家里去做客。刘胡兰的父亲是一个老老实实的农民，刘胡兰的母亲是继母，给我们讲了许多刘胡兰的故事。

我们离开云周西村，到了汾阳。路过汾阳城子公社庸兴庄，访问了抗日英雄蒋三的英雄事迹。还参观了贾家庄集体经济建设。汾阳有一个荣军疗养院，有许多伤残军人，有老红军、老八路，我们到那里听他们讲了一天红军、八路军的故事。比如，张思德战友杨玉洪讲的张思德事迹。

吃饱不容易，吃好更不容易

1967年12月31日元旦前夕，我们已经翻过吕梁山脉，走到黄河边，住在山西省离石县柳林镇，准备过黄河。黄河以东是山西吕梁地区柳林军渡渡口，黄河以西是陕西延安地区绥德县吴堡镇。时值隆冬季节，汹涌澎湃的黄

在延安杨家岭毛泽东住处前留影

河水，咆哮着，奔腾着，掀动巨大的冰块，互相冲撞，拍击着两岸，如同脱缰的野马，一泻千里。据说，军渡一带，河床虽然很宽，但河水相对缓和，容易渡船。1993年，我又一次来到了柳林军渡黄河边。这里已经修起了跨河大桥，桥下黄河水早已不似当年那么湍急，那么躁狂，似乎安静多了，几乎断流，没有多少水，静静地流淌着。

当时过黄河有两个办法：一是乘羊皮筏子；一是乘大渡船。我们选择了大渡船。大渡船上，一个舵手，十几个船手排成两排，一人一个大桨，由舵手领喊黄河号子，十几个壮汉一齐逆水齐划，齐声高喊。此时此刻，号子声响彻河谷，木桨打水声振奋人心，水流冲击声惊天动地，冰块撞击声震耳欲聋。从军渡逆水行船到对岸，整整用了一个小时才渡过几百米宽的河面，还被河水往下游冲出了一里多地。渡河的壮观景象至今还在我脑海中涌现，划手们的勇猛刚性仍在我记忆中浮动。

为了完成渡河，我们就在军渡过元旦。据说，为了让红卫兵小将都能吃饱饭，吃好饭，过好年，党中央专门发了通知，增加了红卫兵的伙食补贴费。我记得很清楚，中午是白米饭，上面有两片五花肉，肥膘雪白雪白的，很诱人。还有热呼呼的羊下水汤和油炸糕。这顿饭不是定量供应，而是管够吃。我放开肚皮，一口气吃了两碗盖浇饭，四大片手掌大的肥肉，六块油炸糕，还外带一海碗羊下水汤。吃完了以后，肚子撑得满满的，几乎不能弯腰，怕是一弯腰，东西就要从嗓子眼流出来。我们六个同学，每人都如此。就餐食堂的门很矮，不弯腰无法出门，但一弯腰，胃里的食物就要流出来。怎么出门呢？还是我的办法多，我提出，解开腰带，双腿下蹲，腰不弯，蹭出食堂。我们六个人就是如此这般走出了食堂。饭后为了消化，我们还与当地中学老师开展了一场篮球比赛。

我记得一路上，我们只吃过两次肉。一次是在山西省柳林县军渡渡口；一次是在太原柳巷的一家饭馆。看来，吃上饭不容易，吃饱饭更不容易，吃好饭简直难上加难。

富县不富

山西省离石县柳林镇对面就是陕西省绥德县吴堡镇。过了黄河，一踏上陕北高原，内心就充满了崇敬、好奇和激动的情感。我从小受的革命传统教育，使我对陕北黄土高原的革命根据地充满了崇敬之感。我对陕北民歌"信天游"，对陕北民装"白羊肚手巾红腰带"，对陕北吃食"油炸糕小米饭大红枣"，对陕北舞蹈"腰鼓秧歌"，甚至对陕北"米脂的婆姨绥德汉"，都有耳闻，特别是对陕北的革命根据地的作用和毛泽东同志在陕北的事迹熟记于心。但是对陕北的"穷"，却根本没有一点概念。出了吴堡镇，一路看到的是黄土高原的壮观，同时高土高原的贫困也尽收眼底。这块贫瘠的土地养育了党和人民军队，孕育了新中国，但人民仍然过着穷困的生活，是我始料未及的。

在离开革命圣地延安奔往铜川的路上，我们路过一个小县，名为富县。但是给我的感觉是"富县不富"。县城很小，破破烂烂。我们一个队员陈威，夜里突发高烧，第二天仍然坚持上路，但一路上高烧不退，几乎不能行军。情急之下，我们找到富县县政府，希望找一辆汽车，把人送到下一个县城医院。但县里竟然没有汽车，只得派一辆驴车把陈威送到了下一个县城医院。从富县县城出发，一路上，看到沿路的老百姓衣衫褴褛，面有菜色，甚至有十几岁的大孩子，寒冬腊月穿不起裤子，光着腚。看来，取名富县，也反映了老百姓对富起来的企盼吧。

1月2日，从绥德县吴堡镇一路走来，经过绥德枣林坪、苏家岩，进入清涧县朱家坪、折家坪，到了著名的瓦窑堡（现改名为子长县）。1月8日夜住子长县。当晚，我们正在熟睡，听到县百货公司着火的呼救声，我们几个人义无反顾地冲出房间参加了救火活动。然后经鲁家湾、李家渠，1月12日终于到达久盼的延安。

熟背"老三篇"

我们徒步串联的目的地是延安，延安是我们心中的革命圣地。我上学时，接受的是革命传统教育。对诗人贺敬之的"手抓黄土我不放，紧紧儿贴在心窝上。几回回梦里回延安，双手搂定宝塔山……"的诗篇，几乎熟背如流。对延安枣园毛主席故居，对抗日军政大学旧址，对凤凰山八路军总部，对延安整风时的中央党校，对三五九旅开发南泥湾……都是了如指掌。徒步走到延安，我们除了一路上受到艰苦的磨炼，接受群众教育以外，就是在延安接受中国革命传统的洗礼，接受毛泽东思想的熏陶。

我们是1967年1月12日到延安，1月24日离开，一共在延安住了十二天，吃住在延安大学的窑洞里。2005年我应延安市委的邀请，为延安市党政干部作科学发展观报告时，又去了一趟延安大学。今非昔比，延安大学已经建起现代化的校园，我们当时住过的窑洞，已经成为"文物"。延安市也发生了巨大的变化，当年光秃秃的黄土高坡披上了绿装，延安绿起来了。时隔近四十年，延安发生了翻天覆地的变化，延安城成了一个名副其实的中等城市。住地延安大学在延安郊区，每天我们吃完早饭，就步行去枣园、杨家岭、王家坪、乔儿沟、凤凰山等地参观瞻仰革命圣地。我们还在延河水畔、宝塔山下合影留念。

最后一天，我们安排到延安城里走一走，预备买些纪念品。从延安大学走到市中心，几乎是沿着延河一路走来，过了延河大桥，就进入市区。所谓市区，不过是沿河一条街，但到处挤满了来延安"朝拜"的红卫兵，人山人海的。

"白羊肚手巾，红腰带"，贺敬之诗里把"白羊肚手巾"作为延安人的一个明显标志突出出来了。凡到延安参观考察的红卫兵临走时，都要买一条"白羊肚手巾"，并盖上延安留念的红印章。在延安城中，我们找到了卖"白羊肚手巾"的商店，但发现队排得很长，而且不断有人从队前又返回到了队尾，重新排队。到底怎么回事呢？等我们排队到柜台时才发现，每个买

"白羊肚手巾"的人，必须背出"老三篇"中的任意一篇，如果背不出来，就不卖给他。如果背错还想买，必须重新排队。幸好，我们几个同学记忆力都可以，每个人都顺利地买了一条"白羊肚手巾"。

十天以后，1967年1月23日我们全队作了一次"新长征"总结。1月24日

在延安张思德墓前留影

在延安宝塔山下延河边留影

离开了延安，行军八十里到了富县。1月25日，经洛川到铜川。走到铜川时，接到通知，要求所有步行或乘车串联的红卫兵，返回学校"复课闹革命"。根据通知要求，1月26日从铜川乘火车赶到西安，在西安住一夜。第二天由西安乘火车，于2月1日返回北京。1966年11月16日从北京出发，到1967年2月1日返回北京。我们整整用了两个半月的时间，徒步走了2160里。

这次"新长征"途经北京市、河北省、山西省和陕西省三省一市。翻越了燕山山脉、太行山脉、吕梁山脉和黄土高原。跨过了永定河、拒马河、滹沱河、牧马河、汾河、北川河和黄河。详细路线图如下：

北京市区→卢沟桥→长辛店→良乡→房山→周口店→娄子水→黄山店→

河北涞水→涞利水→革命圲→三流水→霞云岭→郑家台→石板台→庄户台→宝子水→娄子水→马各庄→东达岭→一间房→易县→赵各庄→白涧→紫金关→涞源→水堡→大台窝→驿马岭→山西灵丘上寨→王村铺→平型关→覃家井→台山→伏胜→五台山→东冶→蒋村→定襄→忻县→豆罗→阳曲→太原→晋祠→清徐→贯家堡→文水云周西村→唐兴庄→贾家庄→汾阳→金罗→离石柳林→军渡→绥德吴堡→枣林坪→苏家岩→朱家坪→折家坪→子长→鲁家湾→李家渠→延安→甘泉→富县→洛川→铜川→西安→北京。

二、春度北大荒　无怨无悔[*]

　　我十七岁自愿报名支援边疆建设，二十七岁考入北京大学，人生最美好的青春十年是在北大荒度过的。

毅然决然报名支边

　　1967年11月21日，我登上北去的列车，告别亲人，奔向久已仰慕的神奇的黑土地。直到1977年2月考取北京大学，整整十年，将我生命中最宝贵的黄金阶段——青春年华，献给了祖国的边疆——北大荒，我们是"文革"期间第一批自愿报名上山下乡支援边疆建设的北京知识青年。

　　为什么是第一批，又是自愿的呢？这就需要从我们一同奔赴黑龙江的几个小同学说起。初中时我们年级有几个要好的小同学，"文革"开始后，我们几个人的家庭都不同程度地受到冲击，内心充满了委屈，对"文革"十分不理解。我们毕竟从小受党的教育和革命传统的熏陶，从懂事起就唱"为着理想勇敢前进，我们是共产主义接班人"这支歌。天真、幼稚、单纯，又不失革命激情。人家不让革命，我们自己要革命。几个人曾经组织一个"红军长征队"徒步串联。1966年11月16日从北京出发，1967年1月12日到延安，在延安参观了十二天，然后返京"复课闹革命"，前后用了两个半月的时间。走时我们背着行李，还有油印机、纸张、乐器等。沿途利用晚上时间给群众演一些小节目，发给他们一些油印毛主席语录。我们称这次串联为"新长

---

　　* 该文是作者为纪念到黑龙江支边二十周年而作，2003年3月《市县领导月刊》刊载，后又在中共中央党校《研究生教育》上发表。这是作者发表的第一篇回忆性的文章。

十七岁时（临去
北大荒之前留影）

征"，极大地锻炼了我们的意志，熟悉了社会。对于一个从小生活在城市的中学生来说，走路是很艰苦的，每天要走七八十里路。第一天，双脚打满了血泡。第二天，我们互相鼓励，咬紧牙关，继续走下去，十天后，脚板磨出了茧子，才突破了"血泡关"，一路上，我们走到哪里吃到哪里。那时农民生活很苦，吃的是杂粮，油水很少。1967年元旦那天，才在山西黄河边一个红卫兵接待站吃了顿有肉的饭菜。途经的地方大都是革命根据地，我们受到了革命传统教育。更重要的是，这次徒步串联给我们提供了一次重要的接触实际的机会。走一路，看一路，才了解中国之大，天下之大。才知道农民怎样种地，工人如何做工。

徒步串联的锻炼使我初步感到，社会是最好的大学，实践是最好的老师，要想有所作为，到群众中去，到实践中去主动接受火热生活的洗礼。正是这次"新长征"萌发了我上山下乡的初衷，到边疆去，到农村去，到祖国最需要我们的地方去。这也是我们几个伙伴到黑龙江支边的主流动机。当然，在这个主流下也隐藏着"左"的"读书无用论"思潮影响的因素。

艰苦的生活，繁重的劳动，残酷的现实，磨炼人的钢铁意志

从舒适的首都北京来到艰苦的祖国北部边陲，首先要过的是生活关。北大荒的冬天零下三十多度，最冷时达零下四十度。当风雪交加时，当地老百姓叫它"大烟泡"，风刮起来真是可怕。这种恶劣的气候给人的生活带来极大的不便。刚到北大荒正赶上冬季挖渠排水，露宿在荒草甸子，住在"地窨子"（"地窨子"就是在荒草甸子里挖一个大土坑，把棉帆布帐篷的下半部分埋在土坑里，露在外面的上半部分用草和土盖严实，形成一个半地下的临时住所，利用地温保暖）里。前半夜，几十号人挤在里面，人的体温，地窨子的地温，再加上取暖的明火，还能入睡。到后半夜，火灭了，帐篷冻透了，热气散光了，几经冻醒难以入睡。我们睡觉时都"全副武装"，头戴大皮帽子，身穿棉裤，脚套大棉靴。一冬天连衣服都不脱，更不要说洗澡了。参加排水劳动一个月后，我被调到连部，住在连部的小茅草屋里，可以烧炕，条件略好一些。但因年轻贪睡，又不会烧炕，就采取了一个又懒又笨的办法。离京时，家里给带一床虎皮褥子，以备防潮、防寒。我火不生、炕不烧，自以为身下垫有虎皮，再冷也不怕。靠身下的虎皮睡了一冬凉炕。转年开春，需要把被褥拿到日头底下晾晒一下。哪知，整张虎皮不见踪影，只剩下枕头底下一小块。一打听，原来我的小同学们听说虎皮做鞋垫防潮、透气又保温，背着我，你一小块，我一小块，把一整张虎皮瓜分完毕。真是可

气、可恨又可怜。真可谓：傻小子睡凉炕全凭火力壮。回想起那个冬天天格外的冷，夜里水缸都冻裂了，真有点后怕！

艰苦的生活，能锻炼人吃苦耐劳的作风，培养人的顽强精神。繁重的劳动更是锻炼人的意志，考验人的斗志。农业劳动，对一个"五谷不分，四体不勤"的城市中学生来说，又是一道难关。刚满十七岁的我，一副豆芽菜体形，一米八〇的大个子，才一百一十多斤。农场保持着过去解放军集体转业前的连排班建制，有开拖拉机的机务排，下大田的农工排，盖房子的基建排，管生活的后勤排，养猪喂马的畜牧排。我分在农工四班。农忙时在大田除草、收获，干机器干不了的力气活，或是在晒场上扛麻袋、上粮囤；农闲时上山伐木，打石头或脱坯烧砖，修水利搞农田基本建设，整天和石头、木头、砖头、土坷垃打交道。农忙季节，天不亮就下地一直干到天黑才回来，中午在地里露餐。最累人的活是秋收割大豆，豆棵矮，成熟的豆荚又扎手，一天下来腰都要断了，许多同志，特别是女孩子受不了这个罪，甚至自伤以便休病假。夏天在晒场上干活，扛上二百斤重的麻袋，上四五节跳板入粮囤子，一天干十九个小时，累得睡觉时连炕都迈不上去。这种重体力劳动，对人的体力、毅力和意志是一种真正的考验和磨炼。有的同学开玩笑说，这种考验简直比战场上挨枪子还难熬。不仅田里的农活，连畜牧、后勤、机务活，我们都陆续体验过。开过拖拉机、康拜因，养过猪、喂过马，赶过大车，还烧过酒，盖过房子。通过劳动，我真实地体验到劳动之伟大，劳动人民之伟大，劳动是一个熔炉，年轻人经过这个熔炉的千锤百炼，会炼成一块好钢。我看到，许多老军人赶走日本鬼子，打败蒋介石，参加抗美援朝刚结束，就集体转业到北大荒屯垦戍边，他们未曾过一天城市生活，扛了十来年枪杆子，又握了十来年锄头把子，从来没有抱怨过、悲观过，闲下来时，就自娱自乐。他们切实把劳动当做了人生的需要，这对我一生成长，产生了潜移默化的教育作用。

艰苦的生活、繁重的劳动从正面锻炼人、教育人，而残酷的现实生活又从反面锻炼人、教育人，使人更加成熟。对我打击最大的，莫过于我在十八岁时遭受到的人生鞭笞。刚去时，因我劳动好，守纪律，工作积极，还能写点东西，在组建兵团改成连队建制时，被群众推选为临时负责人，负责连队工作。在我外出联系工作时，"文革"工作组进驻连队，突然在大会上宣布我的家庭有问题，撤销我的工作职务，勒令我到牛鬼蛇神班参加劳动。当我

十八岁时（兵团战士）

从外面回来时，有些人见到我就像避瘟疫一样，躲得远远的，有好心人悄悄地告诉我真相，同时安慰我。我犹如被一盆冷水从头淋到脚，凉透了。我作为可以教育好的子女，与连队里五类分子一起劳动，抬不起头来。这种人性的扭曲、是非的扭曲，使我深深感受到生活的沉重，令充满生机的年轻人一

下子老了许多，变成麻木呆板的老人似的。经过很长一段时间的痛苦煎熬，我以自己的表现重新取得群众的信任和组织上的赞同，才从这种困境中走出来，站起来。现在回想起来，这样的生活对人的忍耐力、毅力也是一个极大的锻炼。

社会是大学，实践是书本，群众是先生

古人云：书到用时方恨少。农场的同志们都尊称我们为"知识青年"，实际上我们十分有愧"知识"二字，对"知识青年"这个头衔实不敢当。在实践中我真切感受到知识的贫乏，而且深感"知识就是力量"这句话的真正含义。现实生活给了我拼命读书学习充实自己的动力。我们既缺乏社会生活、生产方面的广泛知识，又缺乏前人经验的总结——书本知识，必须从这两个方面不断地充实自己。

生活和生产劳动赋予我大量的生活知识、生产知识和社会知识，我从生活中、劳动中汲取营养，不断地充实自己。首先，生活赋予我知识。作为一个十七岁的孩子，远离父母，要靠自己劳动养活自己，又要在恶劣的气候和艰苦的生活条件下，学会独立生活，学会保护自己。到北大荒生活、劳动一段时间以后，心情沮丧，产生了悲观失望的情绪，感到一辈子过这种永无止境与土坷垃打交道的生活枯燥乏味，看不到前途。正是当地的群众关心我、帮助我、教育我，使我鼓起了生活的风帆、奋斗的勇气。我的老班长姓梁，是参加过解放战争、抗美援朝的老铁道兵。抗美援朝回国后，被选送到武汉公安学校学习，1958年军队精简，集体转业到北大荒农场，一干就是十几年，从来没有怨言。他教我们如何劳动和生活。他在艰苦的生活中非常乐观，他家住在土坯房里，冬天自己砍柴把炕烧热，使屋子暖暖和和的。四壁用旧画报贴得十分漂亮。他在房子外面开了个小菜园子，夏天有西红柿、辣椒、茄子、豆角，冬天地窖里储存着过冬的菠菜、芹菜等新鲜蔬菜。他还养了一群鸡、鸭、鹅。坛子里有自己腌的鸡蛋、鸭蛋和各种小菜。更有趣的

十九岁时（兵
团武装战士）

是，他屋里墙壁上还挂着一把京胡。他常笑呵呵地说："劳动完了，自己给
自己找点乐子。"他对生活充满了信心，尽可能地给自己创造高质量的生活
条件。我们到农场后的第一个春节就是在他家里度过的。农场老同志们为祖
国而默默劳动，同时又十分热爱生命的品质感染了我，教育了我，使我在各
种恶劣的情况下都能充满生活的勇气。我学会了煮饭、做菜、洗衣、缝被，
还有一年把自己的棉衣拆洗了一遍。可喜的是，我在兵团十年，由于群众的
帮助，自己的注意，加上身体底子比较好，没有落下什么病，造就了一副健

康的体魄，这对我一生的学习和工作都是十分重要的。

其次是劳动实践赋予我大量的生产知识和社会知识。我通过生产劳动广泛地接触社会和实践，不仅增长了劳动的本领，在劳动中和群众建立感情，和同志建立一种互相谅解、互相支持的协作关系，还学会了做群众工作、劳动组织工作。我当过农业种子员、助理技术员、会计。担任过生产副连长和领导一个生产单位全面工作的支部书记、指导员，组织过大机械化农业生产作业。

再有，广泛的社会实践，锻炼和充实了我。我所处的是一个动荡的、不正常的年代，人与人的关系很不正常。一到农场就赶上了整农场系统的走资本主义道路的当权派，清理阶级队伍，反击右倾翻案风等"左"的运动，打倒了一大批老干部，揪出一大批"六类"分子。还唱"忠字歌"、跳"忠字舞"，"早请示"、"晚汇报"。所有这些使我茫然，不知所措，感到痛苦、难受、不理解。当时批判走资派——农场党委书记王叔太同志，农场的造反派找我们知识青年串联。知青中也分成两派：一派支持造反派，一派支持保皇派。王叔太是好人，还是坏人，如何对待两派？这对我们是一个极大的政治考验。群众帮助我们交了一份满意的答卷。我们一起去的几个小伙伴大部分都是学校篮球队队员，很快就和场篮球队比赛，场篮球队队员大都是1958年的转业官兵，通过比赛，我们建立了深厚的友谊。交谈中，了解到王叔太同志的历史和为人，他如何从部队转业后，带着官兵建设农场。在同老同志的接触中，我们发现了一个有趣的现象，所谓保皇派大部分都是原转业官兵及少部分知识青年和大学毕业生。而"造反派"的人员构成较杂，多是生产劳动中的散漫落后分子。我们知青先不表态，对两派分别做了一些实实在在的调查。由我执笔写出调查报告，基本结论是：王叔太是革命干部，是好同志，应当保。不应当站在派性的立场上评价农场工作。这个判断使我们几个同志成了"保皇派"，不理解"文革"，多次受到解放军支左小组、工作组和一些领导的怀疑和批评。我入党时，就因这件事受到了很长时间的考

验，其他同志也在提干、
入党的问题上受了妨碍。
这段经历，使我们同农场
许多老职工、老战士建立
了深厚的感情和友谊。也
使我们认清了是非，明白
了什么是生活的真善美，
什么是假恶丑。正是这次
实践，使我对"文革"从
不理解到怀疑，最后导致
从思想上自觉接受十一届
三中全会的正确路线。

实践的急需迫使我
加强了书本知识的学习。
到农场劳动半年以后，队
里让我担任农业种子员，
协助农业技术员选种、
育种、播种、保管种子。
为了做好工作，我借来了
土壤学、农业化学、农业
生物学、农业种子学等书
籍，利用晚上学习。刚熟
悉了这些工作，又调我当
会计。我对会计工作全然
不知，只得边干边学，借
来会计学、农业成本核算

为人民服务 毛泽东

工农兵照相
1970 北京

二十岁时（连队会计）

等书籍。干了小半年，终于学会了记账，学会了成本核算。这时，队里研究又让我当粮食保管员、晒场主任，这副担子很重，相当于副队长的责任。我们一个生产队八九万亩耕地，每年晒场要处理两三千吨粮食。既需要专业知识，每天还要指挥上百人干活，对我压力很大。刚接手赶上夏收，上千吨的小麦摊在几百亩的晒场上晾晒。有一天天气很好，突然中午来了一块乌云，几分钟内下了一场瓢泼大雨。全连上百口人集中抢场，由于雨太急太快，冲走了几十吨麦子，损失很大。许多老职工都哭了。晚上，全连召开生产大会，总结这次损失的教训。尽管晒场总指挥是副队长，但我也被推到了被告席上。其中有一条很难听的批评意见：队里为什么要用一个家庭有问题、乳臭未干的毛孩子当保管员？这个深刻的教训，我至今记忆犹新，使我牢牢记住，干任何工作，必须以对人民负责的精神，学好本领，管好家业。我攻读了粮食保管等方面的书，当了两年多粮食保管员、晒场主任，从来没有出过问题。为此，曾被选为学习毛著的积极分子参加了场部的庆功大会。实践使我积累了很多农业生产和财务方面的知识。

读书是学习，使用也是学习，干中学、学中干

1970年，我调到团政治部宣传股任理论宣传干事。职务的变化促使我开始接触大量的马恩列斯毛著作和哲学、经济学、政治学、历史学等方面的知识。实际上，刚到农场，由于需要对"文革"形势的判断，曾迫使我学习，读了一些马列的书，希望能通过学习解决一些疑问。可是读书解决不了对现实问题的困惑。每年开春，北大荒人都要烧荒，把荒草烧掉，为开荒做准备。1970年4月18日中午，正在吃饭，突然发现连队驻区对面的大片荒草甸子浓烟滚滚，喇叭里传来团里的紧急通知："火场就是战场，各单位迅速奔赴火场，扑灭荒火。"我们扔下饭碗直奔火场。因我们几个常打篮球，跑得很快，随着火跑出几十里，晚上回到连队时听到一片哭声，才知道我们迎着火跑出去以后，身弱跑不动的女孩子、老同志留在后面，突然风向逆转，刮

起了旋风，把七八十个同志卷进火海，烧死四十多人，烧伤三十多人，加上其他连队伤亡的人数，全团这次救火伤亡上百人。这就是惊动周恩来总理的"四·一八"事件。这本是一场事故，却被宣传成为一曲"英雄的赞歌"，我参加报道稿和英雄事迹稿的整理撰写，许多死去的、受伤的同志被评为一、二、三等功，我一同学张作民成为荣立一等功的英雄，领导让我替他写发言稿甚至代他出席各种大会。领导说，英雄事迹都做出来了，就看你们秀才能不能写出来。我很不理解，一场事故为什么说成是英雄的壮举？为什么号召大家"明知火伤人，偏向火海冲"？读了列宁的《论共产主义运动的"左"派幼稚病》一书，我受到很大启发，我们受不切实际的极"左"思潮的影响太深了。

在实践中，我和理论书籍结下了不解之缘。我特别喜爱读哲学书籍，因为它是解决世界观方法论问题的，解决思维方式问题

二十二岁时（兵团宣传干事）

的。我读了哲学、经济学、政治学等理论书籍，写了大量读书笔记。我还读了《史记》等史书。有时在油灯下读到深夜。无论有什么挫折、什么变化，我从没有放弃过对知识的追求。正是打了这个底子，我1977年考取了北京大学，后来又获得硕士、博士学位，为从事理论工作打下了基础，也为认识人生打下了基础。

两年后，我二十三岁时被派到九连去当支部书记、指导员。九连是大农业连队，有十一万亩耕地，三百多职工和兵团战士。加上家属有七八百口人，还有一个中心小学几百名学生。拥有五台拖拉机，四台康拜因，两台胶轮拖拉机。建制有农业一排、农业二排、农业三排、机务排、基建排、畜牧排、武装支队等。领导班子共七人。我是一把手，去之前由于经营不善，连年欠收亏损。去九连工作后正赶上邓小平同志主持国务院工作，提出要"三项指示为纲"抓整顿，借这个东风，我抓了班子整顿、纪律整顿、财务整

二十三岁时（连队指导员）读书留影

顿、生产整顿，特别是制定了与物质奖励挂钩的劳动激励制度，调动了群众的积极性。第一年全年财务收支持平，扭亏为盈，略有盈余。第二年粮食产量丰收，盈利较多。我们连队被评为全师的农业学大寨典型，我本人被批准

回京探亲时与战友合影

回京探亲时全家天安门前合影

成为农场党委领导班子成员。在这个基础上，我和班子里的同志又抓了全连职工的生活改善以及营房绿化，驻地面貌发生了很大变化。1993年，我回连队一趟，看到当年栽的树已有一抱之粗，倍感欣慰。

当时我直接抓的一件令我十分满意的事是，我们连队成功地试种了一千亩水稻，对这件事我是下了工夫的。我同领导班子的同志们商量，能不能种水稻呢？既提高粮食年产，又让大家吃上大米，改善群众生活。经过充分的调查和反复酝酿，我们下决心种植水稻。我们九连驻地流经七虎林河，形成一片低洼地。第一年，我们在这里筑坝蓄水，建成一个小水库。接着又用一冬的时间，完成了开荒平地任务。第三年，即1975年，我们采用机械挖渠筑坝、飞机播种等先进的农业生产技术，成功地种植了一千亩水稻。当年秋天，迎来了第一个水稻丰收年，亩产达八百斤。从筑坝蓄水、开荒平地到种植水稻和收获水稻的两年里，我同连队的同志们吃住在地里。九连试种水稻成功不仅使全团战士职工吃上了自己种的大米，更可喜的是证明了北大荒也能种植水稻。经过几年的辛勤努力，九连的生产发展了，群众的生活改善了，知识青年同老同志一起用自己的双手逐步建设起一个丰衣足食的家园。每想起这段日子，我心里充满了自豪感。

实践增长了我的见识，锻炼了我的本领，教会了我热爱生活、热爱学习、热爱劳动和劳动人民，使我学会了忍让和理解，学会了化解矛盾。当我

与四连战友合影

为人民服务

上农兵 照相
1970北京

与同学合影

回忆这段生活时，我没有悔恨，更多的是怀念，不由自主地想起《钢铁是怎样炼成的》一书中的名言："人最宝贵的东西是生命。生命属于人只有一次。人的一生是应当这样度过的：当他回首往事的时候，不会因为虚度年华而悔恨，也不会因为碌碌无为而羞耻。这样，在临终的时候，他就能够说：我的整个生命和全部精力，都已献给了世界上最壮丽的事业——为人类的解放而斗争。"

北大荒是我生命旅途的重要站台，是我青春年华的年轻生命的重要阶段。北大荒十年，使我由一个柔弱的初中学生锻炼成人，由幼稚走向成熟。十年，在一个人的生命旅途中不算太短，尤其是对一个年轻人来说，十年是一个非常重要的成长阶段，是人生最重要也是最美好、最幸福，充满理想和追求的年龄段。作为少年人，这段是生理上最需要营养、意志上最需要

与四连战友合影

磨炼、思想上最需要充实、实践上最需要锻炼的时候，是长身体、长知识、长见识、长本领、锻炼意志、形成世界观的重要时期。在"文革"的特殊年代里，在最需要读书时，我去劳动；在最需要家长照顾时，我离开了家庭；在最需要抚爱关心时，我告别了老师和父母，只身奔赴边疆。现在回忆起

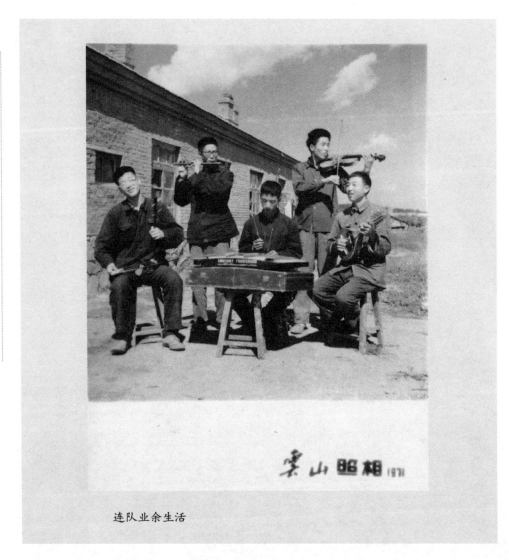

连队业余生活

来，这段日子我虽然耽误了上学的大好时光，但却经历了炼狱般的锻炼，磨炼了意志，强健了体魄，提高了胆略，陶冶了情操，扩大了眼界，学会了本

在康拜因上

事。我在日记里曾写道："劳动的艰苦、工作的紧张、事情的繁杂、时间的冗长、睡眠的不足、工作的压力、情况的复杂，这是冶炼好钢的必要条件。"正是这段上山下乡屯垦戍边铸就了我一生事业的基础。我全部青春献给了北大荒，可以戏称"春度北大荒"，但我可以自豪地回答："无怨无

在三十九团团部留影

在三十九团团部留影

悔"。2002年8月，我应邀到黑龙江省鸡西市虎林县虎头镇题写"春度北大荒，无怨无悔"石碑，立于乌苏里江虎头码头。回到北京以后，我曾三次回到战斗过的云山农场。第一次是1994年8月，到了四连、九连和场部，见到了昔日一起劳动的战友。第二次是2001年8月，此次只到了云山农场到辉崔车站的路口，见到一位云山农场老同志，了解了云山农场的情况。第三次是2010年8月25日，由黑龙江农垦管理局隋凤富局长、牡丹江管理局和云山农场领导陪同回云山农场探望农场职工，向"四·一八"烈士墓园敬献花圈，回到战

三十九团篮球队合影

斗过、生活过的四连、九连，分别与老职工见面。中午在云山农场场部招待所就餐，我在九连当指导员时的老连长邹俊荣与我见面并共进午餐。恰巧碰上同在四连工作过的上海知青王连根，他也是回农场探望老战友的。当晚，住在兴凯湖农场。夜不能寐，三十三年前的一幕幕尽现眼前，感慨万分……

战友合影

三、求学北大[*]

我是1977级（1981届）北京大学哲学系的学生。1978年2月入学，1981年12月毕业。大学四年是我一生最重要的时期之一，在我一生中起着承前启后的重要作用。北大学习生涯令我终生难忘，北大大学教育使我受益匪浅。

抓住机遇报考大学

1976年是中国历史骤变的一年。老一辈无产阶级革命家周恩来、朱德先后去世，伟大领袖毛泽东巨星陨落，"四人帮"妄图阴谋篡党篡国，唐山发生大地震……天灾人祸接踵而来。乌云终不蔽日。令人振奋的是，1976年10月6日，党中央一举粉碎了"四人帮"。1977年7月，"三起三落"的邓小平同志出来工作。社会主义中国的春天即将降临。1977年10月，党和国家决定恢复高等学校统一考试的招生制度，给了上山下乡、支援边疆建设的知识青年以学习的机会和深造的机遇。恢复高考，一纸决定，成全和造就了我们整整一代人。

恢复高考的消息是迟来的春汛，直到1977年10月以后才辗转传到黑龙江北大荒。那时，我正在黑龙江农垦总局牡丹江分局云山农场（其前身是黑龙江生产建设兵团四师三十团，驻地黑龙江省虎林县）工作，任农场党委委员兼第九生产队（前身是九连）党支部书记、指导员。第九生产队是个大农业生产队，全队拥有九万余亩耕地，七八百名职工，加上家属，共计一千多口人。秋天正是收获的季节，也是北大荒一年最繁忙的季节。秋收、翻地、入

---

[*] 该文发表于中共中央党校《研究生教育》2007年第2期。这是作者在《研究生教育》上发表的第四篇回忆性文章。

冬准备，这些繁忙的农活每样都要干。我负责指挥全队的生产任务。尽管担负繁重的连队全面工作和生产指挥任务，但我还是暗自下了决心，一定要参加高考，争取上大学读书。

上大学，一直是我人生奋斗的一个重要的阶段性目标。我是1967年11月，初中毕业后自愿报名参加支边建设，11月22日来到北大荒云山农场第三

三十九团九连领导班子合影

生产队，到1978年2月离开北大荒上大学，在十年多的艰苦劳动环境中，从来没有放弃过学习。几乎所有的业余时间，我都用在读书上了。就是在优美的校园里，衣食无忧，可以放心读书，但要真正做到刻苦攻读也尚需决心和毅力。而在长期艰苦的体力劳动磨炼中，做到始终如一地坚持读书那是谈何容易啊。我记得，刚到北大荒就参加了当年冬季排水工程建设，天寒地冻，冒

着零下40℃以下的严寒，一个壮劳力，一天定额挖土一立方米，体力消耗相当大。早晨天不亮就要上工地干活，在工地上吃两顿饭，晚上天黑才能回来休息。由于是强体力劳动，二三两一个的肉包子，我一顿至少要吃十个。当时，大地的冻土层达一米之厚，像钢铁一样坚硬，抡圆了十字镐刨下去，在冻土上只打出一个白印子。往往要连续抡镐几十下，才能打出一个裂点来，一上午才能把冻土层破开。午饭之后继续完成一方土的任务。很多女青年是无法胜任这项任务的，只得和男青年合伙干。一天劳作下来，浑身像散了架

三十九团赴大寨学习团合影

二十五年后北大荒战友聚会

似的，倒在炕上就睡了过去，一些人脸都懒得洗。即便这样，每天晚上，我
还是点起小油灯坚持学习。在北大荒十年，我养过猪、喂过马、打过石头、
排过水、下过大田、脱过坯、烧过砖、盖过房子、开过拖拉机。冬季排水、
伐木、打石头，春季春播生产、脱坯盖房子，夏季除草施肥，秋季秋收整
地。一年四季，都在紧张繁重的劳动中。尽管如此，每天坚持两小时的学习
一直没间断。刚到北大荒时没有电灯，我就点着小煤油灯；怕影响别人休
息，我就打着手电筒，蒙着被读。像这样的苦读，整整坚持了十年。

　　回想起来，当时读的书，不外乎这几类：第一类是政治理论书。我读了马克思主义一些基本著作，如《共产党宣言》、《哥达纲领批判》、《国家与革命》、《反杜林论》、《自然辩证法》、《唯物主义和经验批判主义》、《费尔巴哈和德国古典哲学的终结》、《怎么办?》、《退一步进两步》、《帝国主义是资本主义的最高阶段》、《毛泽东选集》等。第二类是

2010年初北大荒战友聚会

历史书籍。《中国历史》、《世界历史》、《史记》，以及四书五经等古典书籍，都是在这个时期读下来的。第三类是文学书籍。中国古典文学和外国文学书籍，当时能收集到的，我都读了。第四类是人物传记书籍。第五类是

科技书籍。农业经济学、农业会计学、土壤学、栽培学、畜牧学，以及大豆、玉米、小麦、水稻等栽培技术的书籍，也都是在这期间读下来的。我读书的主要方法是通读，但并没有系统性，有什么书，就读什么书，可以说是饥不择食。无论读什么书，我都坚持做读书笔记，对重要书籍作了眉批。有

2010年8月回到牡丹江农垦局云山农场四连与老职工合影

些读书笔记，我至今还保留着。

在北大荒，到哪里找得到书呢?恰好上天给了我一个找书的机会。1958年，大量"右"派被下放到北大荒劳动改造，他们带来了大量书籍。我当时

所在的黑龙江生产建设兵团四师三十九团四连农工四班，有一个"右"派叫农中南，来自上海，是演员，带来了大量书籍。我当农工的几年，基本上都是读他带来的书，看不懂的地方就请教他。1971年，我调到团政治处当宣传干事，又遇到了很多1958年转业官兵中的知识分子，他们也带了许多书，如宣传股长娄必自，宣传干事唐立新、王正国等人，我从他们所带的书籍中汲取了很多营养。唐立新、王正国同志还是我入党的介绍人呢。

1971年我调到三十九团政治处先当见习干事，后当宣传干事，这让我开始步入理论的崇高殿堂。1970年国内政治生活中发生了一起"庐山会议事件"。在庐山会议上，林彪为了实现篡夺最高领导权的野心，指使陈伯达等人鼓吹"天才论"，大搞政治欺骗。毛泽东同志识破了他们的阴谋，同时要求全党要读几本马列的书，不要上假马克思主义骗子的当。在毛泽东同志的提倡下，全党上下掀起了学哲学、读马列原著的学习高潮。我被团党委选中当了"理论教员"，送到四师政治部培训，回来办班讲十本马列著作。在形势的逼迫下，我反复阅读了当时中央提倡的十本马列原著，并担任了团理论学习班的教员，领读十本书。这不仅提高了我的理论水平，而且也极大丰富了与所读之书相关的中外历史、政治等知识。回想起后来考大学，应对语文、历史、地理、政治等文科考试科目，对我来说，是与这些学习有关的。

报考大学时，我即将调到牡丹江农垦分局做干部工作。在别人看来，我的政治前程还不错，如果考大学，就似乎放弃了政治前程。但为了实现上大学的夙愿，多读书，长本领，更好地为人民服务，我还是毅然决然报名参加高考。我抓住了考大学的机遇。

死记硬背应对考试

黑龙江省的高考分两次，第一次是取得高考资格的考试，第二次是入学考试。我报名后，参加了黑龙江省的第一次考试。从报名到参加第一次考试，大约只有十天时间。当时正是秋收秋翻生产忙季，白天要在地里指挥秋收秋翻，晚上要开会处理工作，根本没有时间准备考试。对于取得考试资格的考试，我只能应付，缺乏准备。因此，看成绩榜时，别人是从上往下看

在黑龙江省虎林县虎头镇乌苏里江边留影

榜，我心里没有底，干脆从下向上看榜，结果我是倒数第一名。我所在的考区是牡丹江考区，我是牡丹江考区最后一名取得入学资格的考生。资格考试使我看到，如果不认真备战，根本就考不上大学，更谈不上圆大学之梦了。第二次考试与第一次考试相隔只有很短的时间，唯一的准备办法只有"死记

硬背"了。第二次考试考政治、语文、历史、地理和数学五门。我请家里寄来了高中书籍。因我是初中毕业生，没有学过高中课程，要在短时间内把高中课程复习下来，应对考试，唯一的办法是死背书，背死书。在农场，干部不劳动是不行的，除了必要的会议以外（开会尽可能放在晚上），干部一律下地干活。白天我利用一切工间休息时间背书，有时在田间地头，有时在猪圈马场，有时在基建工地，有时在拖拉机上……晚上由队部文书或通信员拿着书对照，我背，请他们检查我是否把书中内容全部熟记下来了，背得对不对。政治、历史、地理，靠背，好解决。但高中数学，靠背怎么能行呢？不背，又没有别的办法。于是，我发明了一个好办法，不管懂不懂，把教科书中例题的解题程序全背下来，考试的时候，按例题的程序和规则，照猫画虎地答题。结果我的数学考试居然及格了。就是这样，我以优异成绩考上了北京大学哲学系，学生证号是"00001"（据说学生学号是以考试成绩为序来排的）。

除了死记硬背来应对考试之外，我还面对一个报考什么学校和什么专业的问题。由于我一直对理论特别是对哲学保持浓厚的兴趣，我第一志愿报考的是北京大学哲学系。《入学通知书》是冬季发下来的，北大77级实际上要到1978年2月底才能入学。

老少辈分大学生

我1978年2月28日入校，成为北京大学哲学系77级二班的学生，住在北大38楼310房间，同室的有刘润忠、詹清、王建武、张恒杰、林天云、刘梦祥同学。哲学系77级一共编三个班，我们二班有三十三名学生。报到的当天，辅导员魏英敏老师找我，让我担任学生党支部的临时召集人。两个月后，通过选举，我正式当上了支部书记。班长是新疆同学轩敏利，组织委员是陕西同学杜修鸿。我们班编了三个学习小组，每个学习小组的党员又组成党小组。

我们这一代大学生，有这么几个特点：（一）渴望读书，有强烈的求知欲；（二）政治强，对党忠诚，对社会主义忠诚，对祖国对民族有强烈的责任感；（三）自我管理能力强，有良好的自制能力；（四）年龄、经历参差不齐，大多数已有工作经历。

就拿我们班来说，最大的老大哥杜修鸿同学当年是三十三岁，已有两个子女。最小的小弟弟梁世民同学才十六岁（很可惜，他于2006年不幸去世），年龄最大的学生和最小的学生相差达十七岁。从经历来看，有上山下

大学一年级时

乡、支援边疆建设的老三届（66届～69届）初高中毕业生，有现役军人、机关干部、工人、教师，绝大部分学生都有工作经历，像我已经有十年的工作经历了。社会上很多人把我们这一代大学生戏称为"老少辈分大学生"。入学当天夜里就发生了一件很有趣的事情。老大哥杜修鸿同学住一层床，小弟弟梁世民住二层床，半夜小弟弟熟睡中尿了床，杜修鸿同学还以为天下雨呢。第二天党支部开会，还专门作了决定，由老大哥看夜，帮助小弟弟解决尿床问题。

上大学的夙愿实现了。紧张的学习生活开始了。

争分夺秒多读书

北京大学是中国高等教育的最高学府，有着悠久的历史。1898年光绪新政，废科举，兴新学，创办了京师大学堂，这就是北京大学的前身。辛亥革命后，正式命名为北京大学，是直属教育部的最高学府。当时北京大学集中了一系列国内外的新老学科，汇集了一大批学贯中西的一流学者。特别是在蔡元培先生的主持下，北京大学成为中国先进思想文化和科学技术的重要传播阵地。北京大学又是中国新文化运动的发源地。"德"（民主Democracy）、"赛"（科学Science）两先生是北京大学学生崇尚的两位"老师"。学术自由、崇尚民主、传播科学、推进创新是北大精神的集中体现。考入北京大学，是多少年轻人孜孜以求的梦想。我从入小学接受启蒙教育那一天起，就憧憬北京大学，我在上学时就把考入北京大学作为人生奋斗的一个目标。文化大革命爆发和上山下乡运动打破了我的北大之梦；党的十一届三中全会就像春风一样重新燃起了我心中的北大激情。对于我这个上山下乡十年之久的老知青来说，进入北京大学读书真是千载难逢的机会。培根有一句格言"知识就是力量"。我暗暗下定决心，一定要抓紧一切时间读书，用知识武装自己，使自己真正成为有知识的于人民有用的人。

入学后，我对四年的北大生活作了一个原则性的规划：（一）抓紧一切时间读书；（二）尽可能多听北大名家的课；（三）全方位地接受一切新知识、新文化、新思想。为了落实学习规划，我给自己制定了一个严格的作息时间表和读书计划。每天早晨5：30起床，五分钟洗漱完毕；然后晨练，晨练通常是长跑和单双杠运动；7：00早餐；8：00上课或到图书馆、自习室自习；12：00午饭；12：30游泳，游一千米；14：00继续上课或自习；16：30参加课外体育活动，夏日打篮排球，冬日滑冰；18：00晚餐；19：00自习；23：00入睡。

在我们宿舍，我年龄最大，其余的同学都在二十岁上下，他们年轻，贪睡。为了不影响他们休息，我在早起晚睡时尽量轻一些，不惊动他们。校自习室到晚上九点半关门，关门以后，我还要在路灯底下再学习一段时间。宿舍规定晚上十点半熄灯。我回到房间时，同学们都已入睡。我每天都摸黑进房间，窗前桌子上杯盘狼藉地放着一些碗筷和水杯。因口渴，只要有水，我不论是谁的杯碗，也不管是什么剩水，一口喝干，倒头便睡。现今同学们聚会，谈起这段事情，大家还开玩笑地说："桌子上就是放一杯尿，你也能喝掉。"

除了必修和选修课程外，我制订了严格的学习计划：一是广泛阅读中外哲学名著；二是广泛涉猎中外文学名著；三是广泛接触现代科技知识、历史文化知识、世界思潮知识。我给自己规定了每天浏览一本新书的要求，一般我都是在图书馆新书阅览室浏览。同时也给自己规定了精读的计划，每周精读一本书。四年北大生涯，我系统地阅读了马克思主义经典著作、中外文史哲著作以及各个领域的新知识著作。中国现代文学巨匠的文集，如《鲁迅全集》、《茅盾全集》、《郭沫若全集》等，我几乎都择要地浏览了一遍。对有些经典著作，我做了精读，写了大量笔记。由于当时涉猎广泛，至今我走到哪里，都可以信手拈来一些知识和典故。1997年，在浙江金华召开全国党校教学工作会议，金华市委宴请全体与会者，我致答词，曾顺口朗诵宋代女词人李清照咏金华《题八咏楼》的一首诗："千古风流八咏楼，江山留与后人愁。水通南国三千里，气压江城十四州。"常务副校长汪家缪同志还夸我记忆力好呢。据历史记载，1134年10月，五十岁的李清照，饱受北方游牧民族长驱直入中原、赵宋王朝匆匆南逃的战乱之苦，流亡到浙江金华，住在创建一千五百多年的江南名楼"八咏楼"附近，与"八咏楼"朝夕相处，留下千古名句。一些同志说我记忆力好，实际上不是记忆力问题，而主要是"勤能补拙"的原因吧。

在知识的海洋里遨游

北京大学是一个人才济济、大家辈出的高等学府。名家多、名教授多、名人多。随便在校园里走一走，看到一些似是普通的人，说不定就是世界级的知名人士。譬如，每天下午四点半课外活动时，都会看到一个小老头儿，穿着很普通的蓝色中山服，在校园里慢跑，跑累了，他就会拿一张报纸垫在地上，坐下休息，边休息边看书。后来，我一打听，原来他就是著名的美学家朱光潜教授。若干年后，针对他翻译的西方美学史的个别观点，我还写过文章与他辩论呢。据哲学系的老师讲，北大哲学系是一级教授最多的系之一。

北京大学不仅名教授多，学生也是精英荟萃。当时上大学的许多学生，现在在政界、学界、商界乃至军界，都成为赫赫有名之人。我记得刚入学时，围绕着工农兵大学生问题，在校的76级工农兵大学生同77级大学生就发生过争论。我记得在北大"三角地"，一张77级大学生写的大字报，其中写到，我们77级是当代青年的精英。当然这话说得有些过头，但从另一方面确实也说明这一代大学生（当然包括工农兵大学生）许多都是青年人中的佼佼者。

北京大学是一个知识的宝库，书多、知识多、文化多。北京大学的学生，没有固定教室，八人一间宿舍，无法自习。除了听课之外，读书生活都是在图书馆和自习教室里度过的。如果没有课，同学们的第一要务是抢占图书馆的位置，图书馆满了，去抢占自习教室的位置。在图书馆、自习教室里读书，最难过的时间就是暑天，当时没有空调，图书馆里上百名学生挤在一起，温度高达近40℃，热得让人喘不过气来。有一次，我发明了一个降温的办法，就是在图书馆大厅的大理石地面上，五体投地地躺在冰冷的大理石地面上，可以起到降体温的作用，虽然看上去不十分雅观，但能保持清醒的头脑思考问题。

在北京大学这样一个知识的海洋里，我作为与土地打交道十年的知识青年，就像一个饥饿的孩子拼命地吸吮母亲的乳汁一样，如饥似渴地吸吮着各方面的知识。北京大学就是我的知识母亲，在她宽阔的胸怀里储备着吸食不尽的知识乳汁。北京大学的教学特点是充分体现学术自由、学术民主，学术空气相当浓厚。比如我们哲学系，一年规定修完多少课，只要学期末达到要求，老师就不管了，平时如何安排听课学习，由自己来定，要求不是那么

同宿舍同学合影

严格。马克思主义哲学原理等哲学课程、书籍，我在十年劳动时已经读过了，还有些课程通过自习也可以掌握。所以，对于听课安排，我把大部分时间放在：一是听名教授的课。比如侯仁之先生的历史地理课，就很吸引人，他每次讲课，阶梯教室满满的，晚去的学生只能站在窗外听课。二是听新知识课。当时我听了很多现代科技的课，如生物学、物理学等一些前沿科技课程。三是听感兴趣的课。有一段时间，我对诗词格律很感兴趣，听了大量文学方面的课。比如，王力教授的诗词格律十讲，我每讲都听。

大学同中小学不同，大学主要是自学，大学生一定要养成自学、自修、自习的能力。四年大学生活，我除了如饥似渴地学习马克思主义理论、哲学理论等专业课程之外，还用了大量时间研究了一些问题。比如，我集中学习研究了明清史，做了大量笔记，翻阅了大量的书籍。对于明清史，我又把重点放在明末清初历史上，对李自成之死，我已经形成了自己独特的见解。我在中央党校工作期间，曾借出差之机专门到湖北省通城县九宫山和湖南省常德市石门县夹山寺，考察过李自成遇难处和传说他出家当奉天玉大和尚处。再有，我集中研究了《控制论》、《系统论》、《信息论》这"新三论"，翻译了贝塔朗菲的《系统论》的部分段落，写了一些关于"新三论"的论文。在王雨田老师的指导下，我同轩敏利、冀建中等同学编写了《系统论、控制论、信息论的哲学问题》一书。

北京大学是民主与科学的殿堂，是"五四"运动的发源地，是传播先进文化的重要阵地，是马克思主义的传播地。在北京大学不仅受到知识的培育，而且还受到民主思想和科学精神的熏陶，受到马克思主义的真理教育。我在北大经历了一次"竞选活动"，虽然当时学生的竞选是幼稚的、不成熟的，但毕竟是社会主义条件下的一次民主实习。

校园生活点滴

北京大学校园生活四年，在我的记忆中打下了深深的烙印，在我人生轨迹上留下了一笔重墨。当我渐渐步入"知天命"的人生佳境时，每每追忆四年的北京大学校园生活，点点滴滴涌上心头，桩桩件件历历在目，引起缕缕思情，令人回味无穷。这里仅仅追忆几件小事，与诸学友共勉之。

（一）"学五食堂"

世界上什么问题最大，吃饭的问题最大。这是一条绝对真理。在学校，

大学四年级时

除了读书，最重大的一件事就是吃饭。当时北大一共有四个学生食堂，我们是在学一食堂吃饭。那时实行的是学生包伙制度，有工资的学生自掏腰包，每人每月交十五元的伙食费；无工资的学生，每人每月补助十五元伙食费。每个学生每天发早、中、晚三张餐票，凭餐票进餐。早饭，是粥（大米粥或

大学毕业时

玉米粥）、馒头和咸菜，遇到有油饼或糖包之类的奢侈品，则定量供应，粥和馒头随便吃；中午，每周两次肉菜定量供应，主食放开肚子吃；晚上素菜，定量供应，主食管够。基本吃饱，但无法保证吃好。好菜好饭定量供应，基本满足不了学生的欲望与需求。由于过去长期从事重体力劳动，我的

饭量特别大，特别是对肉、对油水的需求量大。可能是我面比较善吧，经常会碰到一些好心的女同学把吃不完的肉菜和油饼之类的好饭食送给我。

因学生食堂满足不了学生食欲的需求，故此很多学生想出种种办法解决油水问题。那时党中央有一个新的提法，要进行"新时期的新长征"。这就需要解决"新长征"路上吃饭难、住房难、行路难的问题。为了解决吃饭难，在北京大学小南门外，地方街道办事处办起了一个"长征食堂"。饭菜比较便宜，油水又比较大，引起了全校同学的高度关注。有一些懒汉，没课时早晨睡懒觉，起来后就到"长征食堂"吃早餐，可以吃到豆腐脑、豆浆和油条；有一些馋猫，中饭和晚饭就到那里去解馋，可以吃到肉菜和烤鸭。同学中有一些所谓的"富人"，也就是带工资上学的学生，且这些人又多是单身汉，尽管每月只有四五十元的工资，仍令那些不带工资的同学羡慕不已，时常提出"吃大户"的主张。我们班带工资的人少，我是其中一个，也成为"吃大户"的重点对象。无非是出十元、十五元不等，就可以在"长征食堂"摆上一桌。北大学生对"长征食堂"，起了一个非常亲切的名称——"学五食堂"，一下子在学生中就叫响了。

我清清楚楚地记得，我考硕士研究生时，主要依靠"长征食堂"的后勤保障。1980年，四年大学生涯很快就要过去了，同学们都为在社会上找一份工作而努力拼搏。担任过我们班辅导员的魏英敏老师找我说：学校领导韩天石同志（当时任北大党委书记）要你留校做学生工作，同时人事关系可以放在哲学系的伦理学教研室。这对于还没有在北京找到工作的我来说，不啻是旱天惊雷，是一个大喜讯，引得当时同学们羡慕和赞叹不已。应当说，我的未来有着落了。恰在此时，招考研究生的消息传出来了。是留在北大工作，还是进一步攻读研究生学位？这对我来说，又是一次人生的重大选择。经过反复考虑，我决定报考中央党校硕士研究生，导师是时任中央党校哲学教研室主任的韩树英。报考研究生，我面临的问题，一是准备时间短，这是恢复高考以来，第一次大规模地招考研究生，准备时间只有暑假一个半月；

二是考试的内容不明了，特别是中央党校是第一次招收研究生，考几门、考什么都说不清楚；三是与导师毫不熟悉，现今考研究生都要事先与导师见一见，熟悉一下，而我与韩树英老师素不相识，只能是盲人摸象，"摸着石头过河"，闭眼去考吧。距离考试只有一个半月的时间，要全面复习外语、政治、哲学等课程。从清晨四点半一直准备到夜里十二点，体力、精力消耗很大，补充营养就十分重要了。当时我与沈建平同学搭伴复习，每天早晨在"学五食堂"喝豆浆吃油条，补充两个鸡蛋；中午在学一食堂就餐；晚上我们两人共同到"学五食堂"改善生活，补充营养。我们两人点一个"熘肝尖"、一个肉菜、一个素菜，实行AA制。我想，恐怕正是靠比较好的伙食保

全班合影

障，我才考上了中央党校研究生的吧。

（二）冷水浴

上万名学生住在北大校园里，一栋楼住几百名学生，一间房子住七八名学生，整个宿舍就像沙丁鱼罐头，挤得满满的。夏天，宿舍、教室、图书馆

去北戴河度暑假

热得就像桑拿房。同学们讲，上课一身汗，吃饭一身汗，自习一身汗，睡觉一身汗，一天"四身汗"。当时降温，一无空调二无电扇。我们几名同学想出一个土办法，在洗漱间的水龙头上接上浇花用的胶皮管子，睡觉前冲一个冷水浴。冬天，因七八个学生挤在一间宿舍里，空气不新鲜，像我们那间宿舍，寒冬腊月也是开着窗子睡觉。再冷的天，我也要冲一个冷水浴。冬天

洗冷水浴，我坚持了四年整。这对身体是大有好处的，我研究生毕业后工作的二十余年间，很少感冒。

（三）五分钱电影

当时北大学生的一个重要的业余生活就是看电影。电影院就是北大"三角

全班毕业留念

地"的大会堂兼大食堂，能容纳几千名学生同时看电影，但必须自己拿凳子，否则就只能站着看，对于从文化大革命思想禁锢的阴影中尚未完全走出来的我们这一代人来说，电影起到了开阔视野、解放思想的作用。特别是当时上演了

一些国外新片，更有开拓眼界之效。一般都是周六晚上有一场电影，五分钱一张票。我们班有几个电影迷，总是提前张罗着看电影。我们房间的刘梦祥、王建武等同学是电影迷，他们排队买票的时候，总为我代买一张票，我就蹭票看。北大四年，看了不少电影，接受了不少潜移默化的艺术熏陶。

（四）严格党的生活制度

大学生活是活泼、团结而且严肃、紧张的。特别值得一提的是，因为我们这届学生很多都是有多年工作经历的老三届学生，党团员很多，党性也比较强。我连续四年被选为学生支部书记。作为支部书记，我做的主要是这样几件事：一是严格要求自己，以身作则，要求别人做到的，自己首先做好。比如，既然是学生，那么首先应当做到的就是认真学习。北京大学哲学系本科生课程开课是比较多的。老师们告诉我们："哲学系和物理系是北京大学开课最多的两个系。"我们系除了哲学专业课之外，还开了外语、第二外语、高等数学和物理、生物、化学等课程。对我来说，修好哲学专业课程，得到优秀的成绩，还是比较容易的，但外语、高等数学就比较难了。特别是外语，我读初中时，学的是俄语，下乡十年我一直坚持学下来了，已经达到大学专业俄语水平，可以查阅俄文资料。但英语，对我来说是从头来，压力大。特别是发音，我老过不了关，老师批评我发音不准，就像念俄语。为了攻克英语难关，我每天早晨五点半起床，大声朗诵英语，背诵单词。最后以优良成绩通过英语考试。二是团结同志，构建团结和谐的班集体。二十年以后，我们全班同学聚会，大家还一致认为，我们二班是最团结的班集体。到现在聚会，一打招呼，能来的都来了。三是关心同学生活，做好思想工作。大学毕业二十多年了，我们班仍然一直保持互相帮助的良好班风。前不久，我们班的小弟弟梁世民突然去世，我们立即发动全班募集资金，支持他的家庭渡过难关。四是抓好业余文化活动，丰富大学生活。大学生活很紧张，为了使同学们能够精力充沛地投入学习，我们组织了许多文体活动。比如郊

大学期间与弟妹合影

游、体育比赛、学跳交谊舞等。五是坚持严格的党的生活制度。我们那时的学生党团生活健全，党团作用明显，这是我们这届大学生学习生活的一个突出的特点。哪个学生有点缺点，很快就通过谈心、生活会加以解决。党团生活已经制度化了，定期召开党小组会、支部会，定期发展新党员。毕业时，我们二班一共发展了五名新党员。

（五）为振兴中华而学习

在大学期间，正赶上国家女排走向世界，夺得世界冠军。那时，每栋学生楼只有一台黑白电视机。为了让大家看上女排比赛，学生会把电视机放在学生楼的楼前，组织集体观看，几百个学生围着一台电视机看女排比赛，比比赛还热闹。女排夺冠那一夜，整个北大校园都沸腾起来了、振奋起来了，学生们连夜在校园内游行、集会，庆祝胜利。甚至有人点起篝火，燃放爆竹，有些学生把能烧的东西都点着。有人喊出了"振兴中华"的口号。这个口号不胫而走，成为北大学生学习的共同动力。

（六）同学情深亲如手足

人的一生，离不开"情"字。我体会，人生最重要的有"三情"，其真其深，难以用言语来表达。一是亲情，如母子情、父子情、兄弟情、姐妹情。二是爱情，男女之间真挚的倾慕之情。三是友情，朋友情、战友情、同志情、同学情。同学情是最无利益冲突、最无私心的一种真切的友情。

一人有难全班支援。老大哥杜修鸿同学是烈士子弟，有一儿子，患痴呆症。当我们全班知道这件事以后，大家一直在议论，希望为老大哥做点什么。我主持党支部开会，大家一致认为，应请杜修鸿同学的爱人带孩子来一趟北京，彻底诊断一下，看一看是否有可能治好，至少能达到生活自理。当时全班动员，有钱出钱，有力出力，有办法出办法。有找医院的、找医生的，有筹钱的，有安排食宿的，有去车站接人的。但经过两个多月的努力，结果很不理想，北京儿童医院最后诊断为无法治愈。时隔二十多年，每当杜修鸿同学回忆起此事，仍然对同学们的情谊感叹不已。

2007年1月10日
写于中共中央党校校园

四、党校寒窗轶事*

72

在我一生中，有近六年的读书生涯是在中央党校度过的，读了三年硕士，又读了三年博士，是中央党校第一批硕士研究生，又是第一批博士研究生。在校学习期间，担任过硕士研究生班和博士研究生班的党支部书记。回忆起校园的读书生活，真是"马列校园，攻读理论，寒窗六年，终身受益"。在庆祝中央党校开展学位研究生教育十五周年之际，追忆我们81级硕士研究生读书生涯的点滴轶事，以作纪念。

第一批硕士研究生

我原是北京大学哲学系的77级学生。1981年底毕业时，正面临一个选择：是报考研究生继续读书，还是参加毕业分配走上工作岗位。在人生选择的关键点，《人民日报》登载了中央党校研究生招生简章，我看到后异常欣喜。我是初中学生，正需要读书时经历了"文革"的浩劫，在黑龙江生产建设兵团"支边"十年。当时的我迫切需要读书增加知识，同时，面对社会现实，有许多困惑，也迫切需要站在理论的高度来认识，解开迷惑。在上山下乡劳动之余，我自学了一些马列主义、毛泽东思想的书，对马克思主义哲学产生了浓厚的兴趣，初步认识到，马克思主义是认识社会的精良思想武器，愿意献身于理论工作事业。正是有这样的思想基础，我才毫不犹豫地下定了报考党校研究生的决心。在报名处，我遇到了北京大学经济系学生王敏。我们俩一沟通，取得了共识。入学以后，同学们聚在一起谈起来，绝大多数人

---

* 该文发表于中共中央党校《研究生工作通讯》1997年第3期。这是作者发表的第二篇回忆性的文章，系作者为纪念中共中央党校研究生教育十五周年而作。

都是持这个共同的意向考进中央党校的。

1982年1月我接到入学通知书，2月11日报到入学，住在19号楼。当时中央党校只有两个班次，一个是中青年领导干部培训班，再一个就是我们硕士研究生班。我们是中央党校复校以后招收的第一批硕士研究生。我们这个班共二十八个人，其中女学员一人，叫纪军，编成一个党支部，归三部（即理论部，后改为研究生部）管理。部主任是叶方同志，班主任是杨宗禹同志。报到后，杨宗禹同志第一个找我谈话。他说："经学校和部里研究，让你担

81级研究生班党支部全体支部委员留影

去湖北省黄陂县社会调查

任支部书记，柏铮同志任副书记兼组织委员，王晓东同志任学习委员，韩康同志任生活委员，冯仑同志任青年委员。入学后第一件事是建立临时党支部并开展入学教育。经过一段工作后，再通过选举建立正式党支部。"

主持学校日常工作的副校长李荒同志，亲自参加了研究生班的第一次支部大会。他说："学校考虑并报中央同意，为了加强党校干部教育事业，加强党的理论宣传工作，下决心培养一批忠于马克思主义、有扎实的马克思主义理论功底、理论联系实际的高层次的理论人才。你们是中央党校复校以来招收的第一批硕士研究生，也是中国共产党建立以来，在自己的党校里培养

硕士期间结婚照

的第一批硕士研究生。过去我只听说过研究生，今天才第一次看到党校自己的研究生是什么样子。希望你们不要辜负党的殷切期望，努力攻读马克思主义，研究中国实际问题，使自己成为过硬的马克思主义理论战士。"散会以

与弟妹合影

后，同学们聚在一起，久久不肯散去，大家心情非常激动，深感责任重大、任务艰巨，决心"寒窗三年苦，刻苦读马列，理论联系实际，学成报效祖国"。回顾起来，三年的读书生活是十分紧张的，许多同学连续几个寒暑不回去探亲，舍不得放弃节假日，抓紧时间拼命读书、调查研究。最后，绝大

多数同学都以优异的成绩完成了学业，通过了学位论文答辩，顺利毕业。初步统计，在校期间，全班在各种刊物上发表各类文章一百八十三篇，其中专业论文九十一篇，撰写了一些专著，翻译了一些译著，参加了许多重要科研

全家福

活动。校内外专家在评阅81级硕士研究生的论文时一致认为，中央党校研究生的论文具有理论联系实际的特点，有些文章具有一定的理论学术价值，对现实的改革开放具有一定的参考作用。我们全班集体编写的《社会科学世界漫游》，由中国少年儿童出版社出版，一版再版，取得了较好的社会效益。

直属学校的党支部

　　入学以后才知道，我们81级研究生班党支部直属学校。当时，中央党校有两类学员支部，一类是中青年领导干部培训班支部，只是临时组织关系在党校；一类是81级研究生班支部，组织关系都在党校。机关党委只管机关党务工作，学员支部工作归学员部管。但学员支部又无法隶属学员部，收不了党费。为此，我们正式向上级请示。杨宗禹同志答复：研究生支部直属学校，党费和组织关系由机关党委来管，日常组织活动由部来管。我们一个小小的

喜获小女

党支部，居然直属学校，同学们感到十分自豪。

在校部两级领导的指导下，我们十分重视支部建设工作，十分重视党性锻炼。我们这个班有二十名党员，其中有四名预备党员，还有八名要求进步的青年团员。尽管我们有的同学已有十年左右的党龄了，但都是"文革"期间入党的，甚至还有应届毕业生党员，缺乏党内生活的严格训练。兼理论部主任的韩树英同志有一次同学员座谈时说："进了中央党校的门，成为中央党校的学员，就应当一脸党气，讲党性。"加强党性教育，按照党员标准严格要求自己，就是党校研究生的必修课。

如何搞好党性教育呢？我们多次组织学员学习讨论，提高大家的认识，一致认为："要成为马克思主义的理论战士，首先要解决的是党性问题。有了政治上的坚定性，才有理论上的彻底性；理论上的彻底性，又会进一步巩固政治上的坚定性。"三年中，我们严格组织制度，经常开展批评和自我批评，在支部建设上多次受到学校和部里的表扬。

对于研究生班全体学员来说，党性教育最集中的一次，印象最深刻的一次，是我们亲身参加了1984年的整党。在这次整党活动中，我们支部针对自身的特点，重点抓了个人对照检查这个环节。全班每个同志都结合自己的成长过程，检查自身的弱点，总结成长的经验，明确今后的努力方向，增强了党的观念。我们支部是全校第一个完成整党对照检查的基层支部。在整党阶段，我们支部多次受到学校整党办公室的表扬。三年中，我们支部四个预备党员全部转正，八名青年团员光荣地加入了中国共产党，全班同学政治上更加成熟。

做马克思主义的"秀才"

我们这期研究生实行的是导师制。哲学专业招收了六个人。其中马克思主义哲学原理，导师韩树英，学生三人：王伟光、陈一壮、管恒新；西方哲学，导师葛力，学生两人：张峰、姚鹏；中国哲学史，导师艾力农，学生一人：刘耀先。经济学招收九个人。其中：导师龚士其，学生卢中原、王晓东；导师王钰，学生韩康、周为民、谢鲁江；导师吴光辉，学生王敏、朱邦宁；导师周勤书，学生纪军、徐海波。世界经济学招收两人，导师吴健，学生张伯里、李传章。科社（国际政治）专业八人，导师范若愚、江流、理夫、张式谷、张中云、李尧唐、丁云本、张佩航、欧阳默，学生李忠杰、王怀超、陈安众、卡晋平、刘格敏、胡振良、韩云川、冯仑；历史学招收三

同学合影

毕业时受到中央领导接见

人，导师马鸿模，学生柏铮、盛斌、姜鲁鸣。虽然实行的是导师制，但每个研究生也有一些公共课，比如外语、政治理论等等。

学校领导和老师希望把我们二十八个人都培养成为坚定的、理论联系实际的马克思主义"秀才"。有一件事，我印象很深刻。我们这些同学到党校后，求知欲望非常强烈，希望多开一些课程，多学一些知识，总感到教学"吃不饱"。为此，我们支部商量了一下，由全体支部委员找一下校领导，反映一下同学们的要求。当时主持中央党校工作的冯文彬同志，在家里热情地接待了我们。我向他汇报了入校以来的学习情况，同时提出了增加课程的要求。他听了以后说："学校领导十分关心你们这个班。校委决定举办这样的班次，目的就是要培养马克思主义的'秀才'、马克思主义的'笔杆子'。你们的主要任务是学习马克思主义理论，基本教材就是马克思主义原著，不一定要安排那么多课程。最重要的是自学原著，真正力争做到读懂精通马克思主义，学会运用马克思主义的立场、观点、方法，说明并解决实际问题。给你们三年时间，要抓紧多读马克思主义的书、毛泽东同志的书，多研究实际问题。"回来后，我们向同学们认真传达了这个精神，进一步修订了我们的学习计划，决心理论联系实际，读懂读通马克思主义理论，在打好马克思主义理论功底上下工夫。三年中，我们全班一是在攻读马列主义基本原理上下工夫，一是在联系实际上下工夫，取得了比较优异的成绩。毕业时，胡耀邦同志代表党中央在中南海接见了我们并合影留念。他说："你们已经毕业了，初步地学习了马克思主义理论，但还需要进一步加强实际锻炼。有机会你们要到基层去，到实际工作岗位上去锻炼，真正成为马克思主义的'秀才'。"毕业以后，我们大部分同学留在中央党校任教，已经成为党校的教学科研骨干，都被评为教授，绝大多数同学成为博士生导师，许多人先后被评为优秀教师。还有一部分同志被分到党和国家的理论工作部门、研究工作部门和政策宣传部门工作，也有少数同学走上了实际工作岗位。除了我之外，走上省部级领导岗位的已有七人，有国家行政学院副院长韩康、国务院经济研究中心副主任卢中原、全国政协副秘书长晋平、党史研究室副主任李忠杰、中央党校教育长张伯里、江西省人大副主任陈安众等。

五、博士研究生遐想*

庆祝党校研究生教育十五周年之际，我撰写了《党校寒窗轶事》一文作为纪念。此次庆祝党校研究生教育二十五周年之际，我又撰写了《博士研究生遐想》一文，连同第一篇纪念性文章，一同作为纪念。

冷板凳，要一坐到底

1984年底，我硕士研究生毕业，留校哲学教研室历史唯物主义教研组任教。教研室领导希望我报考韩树英同志的博士研究生，继续深造，并要求我认真准备。1985年2月考试，9月1日入学。"要不要继续求学，攻读博士研究生？"当时，我犹豫不决。首先，我在黑龙江生产建设兵团支边锻炼十年，又在北京大学读了四年大学本科，在党校上了三年硕士研究生，已经三十四岁了。对于一个男人来讲，立业是非常重要的，再不工作，立业就太晚了。其次，我的家庭负担较重。我年龄虽大，但晚婚晚育，女儿刚刚出生不久，尚在襁褓之中。爱人在部队医院工作，早出晚归，还要值夜班，孩子小无人照顾；双亲年事已高，需要我照料；我虽然已经结婚，但借住爱人单位的筒子楼里，尚无立锥之地；妹妹身患绝症，每隔几天，我就要去医院值夜班照顾……就本意来说，我是打心眼里愿意攻读博士学位的，但一想到这么多难处，简直有点望而却步，我在人生道路上又面临一次重大的人生选择。经考虑再三，我最后还是下定决心攻读博士学位，真是"横下一条心，争戴博士

　　* 该文发表于中共中央党校《研究生教育》2006年第3期。本文是作者在《研究生教育》上发表的第三篇回忆性文章，系作者为纪念中央党校研究生教育二十五周年而作。

博士论文答辩

帽"。决心已定,我就抓紧时间,进入分秒必争的战前准备。对我来说,基础课和专业课的考试,应该问题不大,难度最大的是英语,听、说、写都要会,至少要达到五级英语的水平,才能应付博士研究生的外语入学考试。于是,作为已经步入中年的我,开始像年轻人一样背外语,连骑自行车送孩子上托儿所的时间,我也不放过,带着录音机练习听力。我记得有一次送孩子上托儿所,因练听力过于集中,下自行车时,忘记后面还有孩子,一骗腿儿差点把孩子给碰下来。为了英语考试,我把新英汉词典都背了下来。可见,还是下了笨工夫的。因为中央党校是第一次进行博士研究生外语考试,没有经验,题出得比较难。我记得其中有一道题,要求把《共产党宣言》中的一段中译英。后来听说参加考试的考生都没有考好这道题。好在"皇天不负有心人"，"只要功夫深，铁杵也能磨成针"。揭榜时，我同人大考生徐伟新一同成为韩树英导师的开门博士研究生弟子，也成为中央党校建校以来的第一届博士研究生。我们同时入校的，还有经济学王珏导师的一位博士研究生周晓寒，共三人。当时理论部（现研究生院）把我们三人编为第一届博士研究生党支部，我任党支部书记。

基础，一定要打牢

何为"博士"？《辞源》对"博士"一词的解释有四层含义：一指中国古代官名。二指中国古代专司一门技艺的职官名，如律博士、经博士等。三指最高级的学位。四指中国古代从事某种职业的人，如茶博士、酒博士等。

汉语"博士"一词最早是一种官名，始见于两千多年前的战国时代。司马迁在《史记·循吏列传》中有"公仪休者，鲁国博士也，以高等为鲁

博士论文答辩

相"。秦朝时，博士官掌管全国古今史事以及书籍典章。到了唐朝，把对某一种职业有专门精通的人称之为"博士"，如"医学博士"、"算学博士"等。而宋朝，则对服务性行业的服务人员也称为"博士"。据《封氏闻见记》"饮茶"条记载："命奴子取钱三十文，酬煎茶博士。"现今，"博士"指获得高级学位的学术性高级人才。

"博士"一词，英语译为Doctor。除学位含义外，Doctor同时有

博士生同学

医生的含义。从学位的角度，大家则改称更规范的Ph D（Doctor of philosophy），即哲学博士，或其他专业博士。我国今天的"博士"一词，

专指学位。当然，作为学位的概念是从西方引进的，但同时在词语选择上使用汉语"博士"一词作为载体。汉语"博士"一词，含有在知识结构上既广博又专深的内涵。西方人称呼Doctor时，习惯性地要加上一个限定词，来说明这个博士是哪一领域的，这也说明在西方，"博士是有专业领域的"。目前从汉语对"博士"一词的使用来看，一般也都认为博士应该是在某一领域具有广博知识，同时又有精深研究的最高学位的获得者。

博士生期间到韶山

由此可见，博士，顾名思义，应既是博闻强记，具有广博知识，同时又是对某一学术领域具有专门知识和研究能力的最高学位的获得者。从这个

与小女在一起

意义上看，就对博士研究生在素质能力和知识结构方面提出了"广与深、博与专、泛与精"的要求，也就是说，博士研究生首先要对专门学术领域能够做出有独到见解的、带有开创性质的研究，这就需要具有专门的知识和能力，同时博士研究生又要具有广博的知识、牢靠的学术功底和深厚的研究素质。当然，博士研究生所具有的专门知识又不能流于一般，必须"深、专、精"。但要做到"深、专、精"，"广、博、泛"又是必要前提。广就是知识结构要广，博就是懂得的要多，泛就是知识面要宽，没有广、博、泛，就谈不上专、精、深。这就好比挖坑，要挖到一定深度，开口一定要宽窄适度，太窄了，到一定程度坑就挖不深了。当然开口太宽了，也深不下去了。"深、专、精"是目的和结果，"广、博、泛"是前提和基础。

关于博士研究生所应具有的素质、能力和知识的"广与深、博与专、泛与精"的关系具体体现为：博士研究生既应具备"广、博、泛"的基础知识，又应具备"深、专、精"的专门知识；既应具备"广、博、泛"的一般的素质、能力与水平，又应具备"深、专、精"的专门研究领域的素质、能力和水平；既应具备宽广的知识结构，又应具备"深、专、精"的专业造诣。具体到马克思主义哲学专业的博士研究生来说，首先要求的是马克思主义基本理论功底要牢固；其次要求的是马克思主义哲学的基本原理基础要扎实；再有运用马克思主义立场、观点、方法分析问题的能力要强，同时，还要具有广博的历史文化、自然科学等各方面的知识储备。

考上博士研究生后，韩树英导师就是按照上述要求给我布置学习任务的。他要求我，首先要通读马克思主义经典著作（包括列宁、斯大林、毛泽东等人的著作）。我回答说，在硕士研究生期间读过了。他说，孔夫子讲："学而时习之，不亦乐乎。"作为马克思主义哲学专业的博士研究生，首先必须反复研读马克思主义经典著作；二是通读西方马克思主义的代表著作；三是精读当代世界经济、政治、文化等学科的代表著作；四是重点精读与博士论文研究方向相一致的有关马克思主义经典著作与相关代表著作。这些读书任务，再加上外语、政治和论文准备等任务，分量是很重的。

学习任务重，但我的家庭负担也重，同时在哲学教研室还担负一定的教学科研任务，这对我压力是很大的。时间紧，是突出矛盾。当时有两件事至今让我记忆犹新。第一件事，我妹妹病重住院，我白天工作学习，晚上九点要到医院值夜班，照顾妹妹。夜里医院没有地方休息，有一次我发现在走廊有一张推死人的带轱辘的病床，我就近睡在这张床上。因白天太累，夜里翻身，使床不停地运动，天亮了，床已运动到护士工作间了，把护士吓了一跳。还有一件事，每当我爱人值夜班时，我就要抱着孩子参加晚上的学习讨论。看来，我的女儿在不懂事时，已经参加博士学术讨论会了。

"一寸光阴一寸金，寸金难买寸光阴。"读博士研究生期间，我是千方百计地挤出一切时间读书。虽然家在学校，但为了保证学习时间，我同爱人商议，每周六、周日回家住，平时住在博士宿舍，充分利用一切夜晚时间读书。再有，一般情况下，不看电影，不看节目，不看电视（只看新闻），避免一切应酬活动。回过头来看，三年博士研究生的时间，我抓得还是比较紧的。

论文题目，应联系重大实际

《改造我们的学习》、《整顿党的作风》、《反对党八股》是毛泽东关于延安整风运动的三本基本著作。在这些著作中，毛泽东从思想路线的高度，总结了自1921年建党以来到延安整风时期中国共产党的党内路线分歧和开展革命斗争的经验教训，深刻分析了存在于党内的非马克思主义的思想作风，主要是主观主义的倾向、宗派主义的倾向，以及作为这两种倾向的文风表现党八股。宗派主义是党风不纯的表现，是组织路线问题；主观主义，是学风不实的表现，是思想路线问题；党八股是文风不正的表现，是党风不纯、学风不实在文字上的表现。宗派主义、主观主义、党八股"三风"，从根本上来说，是思想路线问题，即用什么样的态度对待马克思主义的问题，是从实际出发，而不是从主观出发，或教条主义的、或经验主义的对待马克思主义的问题，是把马克思主义和中国实际相结合，而不是相脱离的问题。毛泽东提出在全党范围内开展马克思主义的教育运动，即按照马克思主义实事求是的思想路线整顿党的作风。延安整风运动使广大干部在思想上、理论上、作风上大大提高了一步，奠定了党内牢靠的实事求是的思想路线基础，使中国共产党达到空前的团结，为进一步赢得中国革命的胜利奠定了坚实的思想理论基础。

当时，为了树立马克思主义的实事求是的学风，毛泽东提出将"全党的学习方法和学习制度改造一下"的号召。学习马克思主义的真正目的和正确方法是什么呢？这就是毛泽东所说的，学习马克思主义的目的全在于应用。"要有目的地去研究马克思列宁主义的理论，要使马克思列宁主义理论和中国革命的实际运动结合起来，是为着解决中国革命的理论问题和策略问题而去从它找立场、找观点、找方法的。这种态度，就是有的放矢的态度。'的'就是中国革命，'矢'就是马克思列宁主义。我们中国共产党人所以要找这根'矢'，就是为了要射中国革命和东方革命这个'的'的。这种态度，就是实事求是的态度。"他还说，"对于在职干部的教育和干部学校的教育，应确立以研究中国革命实际问题为中心、以马克思主义基本原则为指导的方针，废除静止的、孤立的研究马克思列宁主义的方法。"实事求是的思想路线决定了解决实际问题的学习目的和理论联系实际的学习方法。

中共中央党校是培养党的高中级干部的最高学府，是党的重要的思想理论阵地，学风问题是中央党校所要解决的第一位问题。正因如此，毛泽东把"实

与小女在一起

与弟弟在一起

事求是"作为中央党校的校训。"实事求是"是中央党校办学的第一方针。

干部教育的要求如此,党校学位研究生教育的要求也是如此。中央党校研究生教育的培养目标,就是为党和国家培养马克思主义的理论人才,这些理论人才或是到理论部门工作,或是到党校任教,当然也有一些人到实际部门工作。党校的性质和要求决定了中央党校培养的研究生一定要坚持理论联系实际的学风,要学会运用马克思主义的立场、观点、方法,分析说明重大的现实理论和实际问题。毛泽东说:"我们党校的同志不应当把马克思主义的理论当成死的教条。对于马克思主义的理论,要能够精通它、应用它,精通的目的全在于应用。如果你能应用马克思列宁主义的观点,说明一个两个实际问题,那就要受到称赞,就算有了几分成绩。被你说明的东西越多,越普遍,越深刻,你的成绩就越大。现在我们的党校也要定这个规矩,看一个学生学了马克思列宁主义以后怎样看中国问题,有看得清楚的,有看不清楚的,有会看的,有不会看的,这样来分优劣,分好坏。"实事求是,学以致用,理论联系实际,就是党校的学风。

研究生教育中最重要的环节就是论文撰写。一篇好论文，首先取决于论文题目的选择。当然，有人介绍研究生论文选题的经验是，题目要"不大不小"，论文要"不长不短"，观点要"不新不旧"。这么说，是有一定道理的。题目选大了，难驾驭，选小了，意义不大；论文写长了，论述不集中，论文写短了，论证不充实；观点太新，难以通过，观点太旧，没有创新，也很难通过。所以，题目选择要大小适度，文章撰写要长短适合，观点论证要有一定创新，但不可全新。然而，这只是做论文的一般道理。对于中央党校的博士研究生来说，博士论文课题选择，一定要做到理论联系实际，要选择重大的理论和现实问题，力图运用马克思主义的立场、观点、方法加以说明。这就是中央党校研究生教育的特点，也是党校博士论文的一个基本要求。当然，博士论文的选题也要考虑到学科专业的要求，譬如哲学、经济学、法学、社会学、政治学等等，都有本学科论文的专门要求，博士论文要有学科特色。但是无论任何学科论文，中央党校的博士论文都要求力图站在马克思主义立场、观点、方法的角度，联系重大理论和现实问题，加以论述和说明。

　　按照中央党校博士论文的要求，在韩树英导师的指导下，我选择了"社会主义矛盾问题"的课题。为了完成这个课题，我做了这样几件事情：研究了马克思主义经典作家关于社会矛盾和社会主义国家矛盾的论述；收集了国内外关于"社会矛盾和社会主义国家矛盾"问题的有关研究资料；分析了国内外社会矛盾特别是社会主义各国内部矛盾的历史和现状；着重剖析了中国社会主义建设过程中的社会矛盾和人民内部矛盾的历史和现状。在大量收集有关理论与实践资料，详尽占有材料的基础上，我认真开展了去伪存真、去粗取精、由表及里的科学研究工作。我用了整整三年的时间，几乎没有周末、周日，没有节假日，全力以赴、聚精会神地投入，进行整个论文的准备和撰写。1987年顺利地通过了博士论文，获得了博士学位。现在回过头来看，在我整个学术生涯中，博士论文奠定了我一生的学术基础。从通过博士论文到今天，已经整整过去近二十年的时间了，在我的学术生涯中，从讲师、副教授到教授，从硕士研究生导师到博士研究生导师，从担负重大课题的研究，到长期担任干部教育工作来看，如果没有博士论文的基础，我就不会有今天。

马克思主义是指南，而不是饭碗

我记得刚到党校读研究生的时候，一位领导同志谆谆告诫我："你们是我们党亲手培养的第一批马克思主义理论专业的研究生，你们要把马克思主义当做思想的指南，而不要把马克思主义当做吃饭的家伙。那种认为从事马克思主义理论研究，仅仅是一种职业，是为了解决好饭碗问题，解决求生问题的认识，是不全面的。"我认为，这位领导同志讲得很深刻，也很中肯。当然，在今天，在中国共产党执政的今天，从事马克思主义理论研究工作，也可以说是一种职业。但它首先不是一份职业，也不是一份报酬丰裕的职业，而是一项事业，是与我们党最高纲领所规定的目标联系在一起的伟大的事业。我认为，中央党校的研究生应当把自己的人生目标、人生价值定位在弘扬马克思主义理论研究的伟大事业上，而不能仅仅从解决职业、解决生存的角度来看待求学。我从一开始步入马克思主义理论研究的殿堂，就已经给自己做了这样的人生定位。我希望中央党校的研究生也要给自己确定如此的人生坐标。

党校校园，我爱你

回想起来，有三个园子伴我度过大半生：家园、故园、校园。它们与我息息相关、命运相交。

第一个园子，是我的儿时生活的家园。我儿时的家园就是现在的北京中国劳动关系学院校园，当时是全国总工会干部学校校园。我从五岁到十七岁，直到去黑龙江北大荒垦区支边锻炼为止，十来年的光阴都是在这个园子里度过的。儿时的一切，生活、嬉玩、淘气、上学、成长……这个园子给了我儿时太多的欢乐，无忧无虑的欢乐，充满生命快意的欢乐。我的这个家园，说大不大，说小不小，但在儿时的我的心目中，却是一个"大世界"。南面是玉渊潭，北面是紫竹园，前有马神庙，后有老虎庙，当时这些地方不像现在，更少一些人工的雕琢、世俗的喧闹、居住的拥挤，到处充满了野趣野性的美和自然的空旷。我的家园不大，方圆五百亩，但是办公楼、教学楼、礼堂、宿舍成为我们孩子们玩"官兵抓贼"游戏的天然屏障，甚至连地下排水管网，也成为我们孩子们开展"地道战"游戏的地下通道。满园子长的都是树、花、草，一到秋季，果树上果实累累，桃子、李子、枣子、苹

全家合影

果、核桃，让人垂涎欲滴；园子里能开垦的土地，都种上了玉米、小麦、蔬菜，成熟的果实难免受到不谙人事的孩子们掠夺式的品尝……

第二个园子，我称之为故园。就是我从十七岁到二十七岁度过青春期的北大荒——我的第二故乡的广袤大地。故园，正像毛泽东所讲的"广阔天地大有作为"的广阔园地。我的故园大有"北国风光，千里冰封，万里雪飘"的北国风貌，有连绵不断的完达山，汹涌澎湃的乌苏里江，浩瀚如海的兴凯湖，曲折蜿蜒的七虎林河，一望无际的北方湿地，黑油油的黑土地，丰收季节，满地的大豆、玉米和小麦……故园是我成人的地方，它给了我人生所应历经的磨难和历练，给了我男子汉的体魄和胆量，给了我不畏艰难的勇气和毅力，给了我笑对人生和善待他人的胸怀和肚量，给了我观察和处理问题的思维方式和方法……我在追忆这段生活的回忆中，写道："春度北大荒，无怨无悔。"我的青春献给了北大荒，但我毫无悔意，毫无怨言。

第三个园子，就是我的校园。可以称之为我的校园的，第一个是北京大学校园。关于北大校园的人文自然之骚美，历史文化积淀之厚重，多少文人墨客竞相渲染，我自不赘言。在北大校园，我整整求学四年。

第二个是党校校园。我攻读硕士三年，博士三年，六年的读书生涯，近二十年的工作生涯都在党校校园里度过。党校校园使我成材，使我能够为人民、为党和国家有所奉献。

1982年初，我第一次入学走进党校校园，住在坐落在掠燕湖（当时叫人工湖）畔的19楼，后住21楼。那时的校园与今天大不一样，我亲身经历了党校校园的沧桑之变。为了赞美经过几代党校人努力成就的美丽校园，我曾专门撰文描述党校校园，在这里摘录几段，与同志们共同欣赏党校校园之壮美：

"中央党校坐落于北京市人文荟萃的海淀区，位于燕山余脉之隅，京密运河之侧，仅以一道之隔与世界著名皇家园林颐和园为近邻。海淀素以多水著称，故北京著名园林名胜多聚于此，东有举世闻名的贺明园遗址公园，西有玉泉山、香山、植物园、碧云寺、卧佛寺，南有近年新建的万柳公园，北有与杨家将故事有关的百望山。"

"现今，中央党校的校园建设已经形成相当规模并具备了自己的特色——这里山水相依，楼台掩映，溪水四布，草木葱茏，竹林并茂，鸟语花香，间有古木奇石点缀其间，令人有步步进入新境之感。就整体说，它展示了北方园林开阔、粗犷的风格；就细部说，它又不乏江南名景秀丽、精巧的特点。"

"年复一年，日积月累，如今中央党校校园的自然和人文景观更加丰富多样，人文气息更加浓郁，文化蕴涵更加深厚，初步形成了寓古融今、中外荟萃的自然、人文格局。"

当夜深人静，写到这些文字的时候，一股衷心的爱意从心底抒发，我情不自禁地扪心呐喊："党校校园，我爱你。"

2006年6月10日

于中央党校校园

六、锻炼岁月*

在我一生至今，有四个地方对我产生深刻的影响。

第一个地方是我的第二故乡，黑龙江省虎林县云山农场（原黑龙江生产建设兵团四师三十九团）。我在这里劳动锻炼了整整十年，1967年11月离京奔赴北大荒，1978年2月回北京上大学。这十年，是我一生的青春年华，从十七岁到二十七岁，最需要父母之爱的时候，离开了生我养我爱我的父母；最需要读书增长知识的时候，离开了培养我的老师和课堂；最需要增加营养长身体的时候，离开了优越温暖的家庭环境，来到了冰天雪地的北大荒，经受艰苦生活的考验。这是我一生最经受磨难的十年，练就了历经各种艰难险阻而不气馁的毅力，锤炼了能够忍受各种磨难的身躯，北大荒给了我足够的生活勇气和强壮体魄。我曾在一篇回忆文章中写到"春度北大荒，无怨无悔"。这段话被当地政府镌刻在鸡西市虎林县虎头码头乌苏里江边的石头上，这是我与"黑兄黑弟黑姐黑妹"共同战斗、生活过的黑土地。

第二个地方是我的母校，北京大学。1978年2月到1981年12月我在北京大学读书。北大四年求学生涯，使我享受了中国最优秀的高等教育。我曾在《求学北大》的回忆文章中，追忆了这段经历。北大四年奠定了我学术生涯的基础。

第三个地方是我代职锻炼的地方，河北省秦皇岛市。1991年3月初到1992年8月，我在秦市代职锻炼一年半，先任市委常委，兼任海港区委副书

---

* 该文发表于中共中央党校《研究生教育》2008年第3期。这是作者在《研究生教育》上发表的第六篇回忆性文章。

记，分管党建、工青妇和农村工作。后任市委副书记，分管党建、农村、工青妇、对外开放等工作。这一年半是我领导才干增长最快的时间。

第四个地方是我学习、工作和生活二十余年的中央党校。从1984年留校任教直到2007年12月27日调离，我一直在中央党校学习、工作和生活。中央党校是成就我的地方，我在这里为党、为国、为人民做了一些有益的工作。

对于第一个地方、第二个地方我都有专文记叙。第四个地方，我将来也会写回忆文章的。这篇回忆文章主要是回顾我在秦市代职锻炼的经历和体会。

到实际工作岗位锻炼很有必要

1989年是共和国历史上最惨烈的一年，经历了"六·四"政治风波的洗礼。在这场风波中，中央党校的年轻教师们也经受了严峻的政治考验。党校校委大概就是由此而得出启示，认为年轻教员们应当到实际工作岗位上经受锻炼。1990年底，我被派到秦市代职锻炼，真正到位是在1991年春节后。

秦市位于河北省东北部，即冀东地区。原来是隶属唐山地区的一个县级市，辖区内有著名的旅游胜地——北戴河，天下第一关——山海关，北方不冻良港——秦皇岛港。改革开放以后，中央决定在秦皇岛兴建北方最大的煤油能源港，以港兴市，由此把秦皇岛由县级市升为地级市。秦市共辖三区四县。港口所在地设海港区，还有北戴河区和山海关区。唐山地区的昌黎县、卢龙县、抚宁县（共和国主席刘少奇的夫人王光美同志曾在这里蹲点搞过"四清"，提出了著名的桃园经验。我父亲也曾在这里参加过"四清"运动），承德地区的青龙县划归秦市。秦皇岛地名因传说秦始皇曾在此求仙入海而得名。毛泽东在北戴河疗养时，赋词一首咏唱北戴河，其中一句"大雨落幽燕，白浪滔天，秦皇岛外打鱼船，一片汪洋都不见，知向谁边。往事越千年，魏武挥鞭，东临碣石有遗篇……"传说碣石就是秦始皇求仙入海的物证。据考古专家考据，秦市多处文物证明有秦始皇入海求仙事。我也曾多次考察过何为碣石，碣石在何处，多次参加过秦始皇求仙入海史实的学术讨论会，也提出过自己的看法。

　　秦市位于山东半岛和辽东半岛环抱的渤海湾的中心地带，是渤海湾中心城市，是著名旅游胜地和能源港口。国务院将秦市列为十四个沿海开放城市之一。1990年，时任中央党校常务副校长的薛驹同志与时任秦市市委书记的顾二熊同志达成共识，把秦市作为中央党校干部代职锻炼基地，每年派一批中青年教师和干部到秦市代职锻炼，而中央党校每年帮助秦市培训五名市级后备干部。当时我在中央党校任马克思主义哲学原理教研室主任，又是破格提拔的副教授，被校委选中担任赴秦市代职锻炼干部的带队人。刚去时任

同去秦皇岛市锻炼时战友合影

在北戴河与妻子、女儿合影

市委常委，同时兼任海港区委副书记。当时，我们一起赴秦市代职锻炼的还有：文史部李玥任市委宣传部副部长，经济学部张伯里任市外经贸委副主任，哲学部韩庆祥任卢龙县委副书记，党建部魏泽焕任抚宁县委副书记，党史部刘永明任昌黎县委副书记，科社部王力华任山海关区委副书记，以上几位同志是中央党校第一批赴秦市代职锻炼的干部。第二批是1992年3月到秦市的。党建部卢先福任海港区委副书记，文史部李书磊任青龙县委副书记，科社部王怀超任抚宁县委副书记，党史部陈果吉任昌黎县委副书记，经济学部肖勤福任市外经贸委副书记。后来，我又被省委任命为市委副书记，继续代职锻炼一年。一年后，第一批代职锻炼干部返回学校，我又继续担任第二批代职锻炼干部带队人。

国务院副总理朱镕基与河北省暨秦皇岛市党政领导和部分机关企业干部合影 1992.6.12

与秦皇岛市干部合影

　　到秦市代职锻炼，是校委对我的关心和培养。当时我的家庭困难比较大。首先是孩子小，马上要上小学一年级。爱人丁瑞玲在北京空军466医院工作，每天上下班要走一个多小时的路程，还要值夜班，家和孩子无人照顾。我在学校工作，可以照管孩子代劳家务。如果我走了，家和孩子怎么办？我回家和爱人商量，爱人还是很支持我的，主张我去。但家和孩子如何安排？我想了两个办法，一是设法把爱人调到党校附近的部队单位工作，尽管找了不少人，托了一些门子，但发现我一个穷教员，很难把这件事办成。再一是在爱人工作单位附近找一个住处，就近安排孩子上学，这样爱人对孩子也有一个照应。北大荒战友郭新在国家气象局工作，管理一个小小招待所。他爱人李新也是北大荒战友，在气象局小学教书。郭新帮忙，让我爱人带着孩子住进了这个小小招待所临时搭建的一间小平房。孩子在气象局小学读书，白天自己在食堂吃饭，晚上我爱人下班回来可以照顾孩子。虽然条件不好，但毕竟解决了我的后顾之忧。

深入基层接触社会

我虽然是从基层一步一步地锻炼出来的，但离开基层时间已经很长久了。初中毕业走上社会，首先接触的基层是北大荒兵团农垦，对于更广阔的工厂、农村等基层单位来说，仍然是陌生的。这是其一。其二，我从1978年回到北京读书，毕业后，长期在党校读书、教书，从北大到党校，从学生到教师，离开基层十多年，对基层已经陌生了。况且对于改革开放以来社会基层的实际情况就更不甚了解。对于社会基层的情况，我只是在读大学和研究生的时候，做过两次较长时间的社会调查。

第一次是读大学时参加的社会调查。大学三年级时，作为哲学学科学生，按照教学计划的安排，应当有一次社会实践活动。当时，我们77级有一位家在连云港市的学生王念宁非常热心，主动联系当地领导，使我们北大哲学系77级一百多名学生，集中到江苏省连云港市进行为期两周的社会实践活动。我们一百多人是在1980年寒假之前乘火车赴连云港市的。12月5日晚，我们还在火车上听到华国锋辞去党主席职务的新闻广播呢。连云港市位于江苏省东北部，紧邻着山东，历史上曾为山东辖区。连云港市是连接欧亚大陆桥、贯穿中国东西部的陇海铁路的东部终点桥头堡，是孙中山先生建国大纲中设想的东方大港，既是一个重要的东海沿海港口城市，也是第一批对外开放的沿海开放城市。连云港市是一个沿海岸线而形成的带状城市，由三个相对独立的城区构成。港区地形很奇特，港口背靠大山，山脚即是码头，港口腹地有限。大陆对面是连岛，成为港口的天然屏障。我们北大哲学系77级三个班分成若干调查组，进驻连云港开展调研活动。我是干部制度改革问题调研组牵头人，住在连云港市委招待所。我们这个调查组主要是在各个层面的党和政府的工作部门调查，最后由我执笔形成的关于干部问题的调研报告，成稿后送中央有关部门，受到了他们的重视。调研余暇时间，我们浏览了连云港市的人文景点，如花果山（传说是孙悟空的"家乡"），唐王李世民东征时歇马的宿城，令人流连忘返的海滩等等。上个世纪八十年代初，国家经济还是比较困难的，吃饭还要粮票，每天的伙食补贴也比较少，一天也就八角钱。我们班有的同学是在旅游问题调查组，住在港区海员俱乐部，吃得好一点。隔几天，我们就以看望同学为名，去那里改善生活，增加油水。我记得，有一次，我同李江源同学一同去海员俱乐部"看望同学"，吃完晚饭，天已经黑了，我们登上山，鸟瞰山下的港口，船的灯光，港的灯光，依山而建的建筑物的灯光，远处连岛的灯光，与满天的星星，构成了一幅十分美妙的景色。

调查期间，我萌发了去江南旅游的念头，遂串联了郭宝平、樊平、王粤等几位同学，相约调研结束后，利用寒假去江南作一次旅游。那次，我们一连走了四个城市，扬州、苏州、无锡和镇江，这是我第一次比较广泛地接

在北戴河与妻子、女儿合影

触南方城市的普通市民生活。我们从连云港乘公共汽车南下，第一站到了扬州。因为我们几个都是穷学生，每天给自己规定住宿费八角，伙食费八角，长途靠车，短途靠腿。唐朝诗人李白《送孟浩然之广陵》的诗句："故人西辞黄鹤楼，烟花三月下扬州。孤帆远影碧空尽，唯见长江天际流"，使我对扬州充满了好奇和向往。到了扬州，我们住进扬州师范学院学生宿舍，学校旁边就是瘦西湖。我们放下行李，不顾旅途疲劳，游览了瘦西湖，为瘦西湖清新之美所折服。第二天，我们又登上平山堂，拜谒了东渡日本的鉴真和尚塑像，还寻觅了扬州八怪的踪迹，参观了史可法纪念馆。史书中描述的史可法自尽的梅山，实际不过是高不过十米的一个小土坡，与书中描写的史可法面对清军屠城，视死如归的英雄气概相距甚远。我们又找寻了杜牧的诗句"青山隐隐水迢迢，秋尽江南草未凋。二十四桥明月夜，玉人何处教吹箫"中提到的二十四桥景点，琢磨何为"玉人"，是男还是女。寻觅结果，二十四桥一点踪迹全无，何为"玉人"也没有答案。十几年过去了，我当了副校长以后，再次去扬州，扬州已经发生了天翻地覆的变化，游览了新恢复建设的乾隆御码头、二十四桥等景点，但总找不到当年去扬州时的朦朦胧胧的美感了。

　　旅游的第二站便是镇江。我们是从瓜洲渡口乘轮渡去镇江的，王安石的"京口瓜洲一水间，钟山只隔数重山。春风又绿江南岸，明月何时照我还"的意境，我只能领略一半，因是隆冬，"春风又绿江南岸"的景色是看不到的。在船上，我第一次领略了长江之长、之大、之阔、之美。在船上回望江水，真有点水天一色的感觉。在镇江，我们浏览了镇江三山——金山、焦山、北固山。据说神话故事《白蛇传》的许多背景均取自于镇江，如白蛇洞、水漫金山寺等。北固山是当年刘备娶亲的地方。回望滚滚长江水，凭栏怀吊，追忆起苏东坡的"赤壁赋"，激起我满胸思绪似波涛汹涌。

　　离开镇江，我们又奔赴第三站——无锡。无锡是"二泉映月"的作者二胡大师瞎子阿炳（华彦钧）的故乡，是太湖之滨的一颗明珠。从镇江到无锡，我们先奔宜兴的张公洞、善卷洞。宜兴是紫砂壶的产地，更是人才荟萃的地方，据说古时是出秀才、进士、状元最多，当今是出博士、教授、院士最多的地方。当年拍摄电影《林海雪原》的威虎山大厅背景即取自善卷洞。离开张公洞时，我们搭乘不上公共汽车，只得沿路拦车，企图搭便车前往无锡。我自告奋勇前去拦车，人家司机根本不理。后来郭宝平、樊平分别去拦车，也不成功。正在一筹莫展之际，王粤——我们这一行人中唯一的女同学去拦车，一拦即成。大家开玩笑说，弗洛伊德的性引力理论起到了重要作用。无锡，俗称小上海，很繁华。我们在最繁华的中山路走了一趟，初步感觉到无锡人早已初具市场经济的意识。无锡的景点，第一当首推鼋头渚，传说是范蠡施计助越王勾践灭吴王夫差后，功成名就携情人西施泛舟太湖的地方。其次是游览锡惠山、天下第二泉、梅山等景点。在梅山，我们陶醉在满山盛开的梅花之中。

离开无锡第四站便是苏州。有句俗话"活在杭州、死在柳州、吃在扬州、玩在苏州"，"上有天堂、下有苏杭"。苏州园林，闻名天下。然而，我们一行人到苏州时，已然囊中羞涩，身上带的钱所剩无几了。一到苏州，我们要办的第一件事就是找一个吃住便宜的客栈落脚。在我记忆中，解放后的中国城市，到处都有中山路、人民路、解放路，人民公园、中山公园。好像我们在苏州市人民路或人民公园附近找到了一家小客栈入住。我们一行人中，樊平是最善讨价还价者，由他出面，去砍房价，原来是一个床位八角钱，最后樊平硬砍了一个优惠价，省了一个人的每日住宿费八角钱。我们一行人几乎走遍苏州园林，虎丘给我留下了最深刻的印象。这次旅游整整用了两个多星期，走了江南几个主要城市。因为是穷学生出门，所以实际地接触了江南城市社会生活的深层方面。现在我出差到外地，公事公办，再也找不到当年的乐趣了。

第二次调查研究，是我读硕士研究生期间，1983年暑假期间去贵州省贵阳市花溪乡进行的一次系统的农村调研，与农民同吃、同住、同劳动。我研

与同学下江南时合影

究生毕业后，这样深入的社会调查，再也没有进行过。

1981年我从北京大学毕业，考入中央党校理论部，攻读硕士学位。按照课程要求，第二学年要进入社会调查阶段。调查研究是我们党的基本工作方法，又是党的领导干部和马克思主义理论工作者的基本功。毛泽东同志身体

与同学下江南时合影

力行，大力倡导调查研究，亲自搞调查研究，为我们树立了光辉的典范。在
大革命时期，毛泽东同志深入农村对农民运动进行了深入调查，写下了《中
国社会各阶级的分析》和《湖南农民运动考察报告》等调查研究的经典之

作。早在井冈山时期，他做的兴国调查，写的《反对本本主义》一文，成为党的思想路线和工作方法的典范之作。在战争年代，《反对本本主义》一文丢失了。解放后有关部门找到了这篇文章，毛泽东同志知道后，欣喜若狂，形容失而复得这篇文章的心情，就像找到丢失了的孩子那样兴奋。可见《反对本本主义》一文在毛泽东思想形成过程中的重要地位。从事调查研究应当成为党校研究生的基本课程。在我读研究生期间，我国农村正在进行家庭联产承包责任制的改革，尚处于艰难的攻坚阶段。对于农村改革，赞成的有之，反对的亦有之。到底农村改革对不对，应当怎样改？带着这个题目，我们选择了贵州省贵阳市花溪乡作为调查点。我同韩树英老师的另两位学生陈一壮、管恒新共同承担了该课题。一放暑假，我们就乘火车从北京出发去贵阳。我是第一次入黔，"黔驴技穷"、"夜郎自大"等成语，特别是毛泽东指挥长征战役的神来之笔——四渡赤水之战，使我对贵州充满神秘、渴望之感。火车进入贵州省境内，感觉一是山多地少，二是青山绿水，三是贫困落后。在火车上，有一个上海人说："贵州是地无三尺平，天无三日晴，人无三分银。"他话一出口，激怒了一位贵州籍旅客，伤了他的自尊。这位贵州人拉着上海人说："谁说我们贵州人身无三分银，你睁开眼睛看一看，我口袋里有多少钱。"从这件小事，可以看出贵州人的率直和自尊。我们调查的地点是贵阳市的郊区花溪乡，花溪乡因花溪水而得名，是一个风景优美、溪水成趣的地方。蒋介石在此建有行宫，新中国的许多领导人也到此一游或在此居住过。陈毅元帅曾在此赋诗一首："真山真水到处是，花溪布局更天然。十里河滩明如镜，几步花圃几农田。"那里少数民族聚居，以土家族为主。贵州省委党校位于花溪乡，是全国面积最大的省级党校。贵州省委党校对面的山就是长江水系和珠江水系的分水岭。离贵州省党校最近的青岩镇是著名的明清古镇，保存很好，徐霞客曾到过此处。我曾借调研的闲暇时间游览了古镇，深深为古镇的古老和沧桑所折服。抗日战争期间，许多名人曾到此避难。此后十五年，我又一次来到青岩镇，发现古镇风貌遭到严重破坏。

时任贵州省委书记朱厚泽同志对我们这几个"小学生"的到来，十分重视。他到贵州省委党校参加全国党校哲学年会时，专门接见了我们，介绍了贵州农村改革的做法和经验，为我们的调查提出了指导性的意见。

在花溪乡调查，我们得到了花溪区党校的支持，区党校只有三个同志，但给了我们无微不至的关心。我们一共用了两周时间，吃住在老乡家，白天召开座谈会，参加一些劳动，晚上登门向老乡求教。我们在掌握大量翔实材料的基础上撰写了《花溪调查》这篇调查报告。

调查结束后，我同管恒新同学相邀，从贵阳乘火车到遵义，登上娄山关，瞻仰了红军长征期间娄山关战役战场，考察了四渡赤水战场。在遵义城，我们参观了遵义会议纪念馆，深感正确路线的极端重要性，使我对毛泽东同志在"文革"期间讲的"思想路线正确与否是决定一切的"这句话，有更深的理解。应当说，在一定条件下"思想路线正确与否起决定性作用"。行走在遵义闹市区时，我发现遵义还是一个很繁华热闹的城市。当地人称之为"小重庆"。给我的感觉是贵阳土，遵义洋。第二天，我们便从遵义乘火车直奔重庆。

重庆是中国最具魅力的城市之一，重庆人是最富激情的中国人之一。这是我第一次去重庆，重庆对我充满了吸引力。重庆成为直辖市以后，我先后五次去过重庆。第一次是2001年，中央党校在重庆召开了全国党校系统远程教学暨信息化建设大会，推广重庆市委党校远程教学暨信息化建设经验，推进全国党校远程教学信息化工作。我在会上说的"重庆市委党校是全国党校系统信息化建设的排头兵"这句话，已记入重庆市委党校的建校发展史了。五年以后，全国党校系统远程教学和信息化建设已经初具规模，我们在重庆再次召开了全国党校系统远程教学暨信息化建设大会，总结经验，开创新局面。其间，我又三次去过重庆。最近，再次去重庆是参加重庆市委（直辖市）党校建校十周年活动。我是9月21日中午乘飞机去重庆的，十六点二十五分降落在重庆。在中央党校中青班学习的重庆市委党校常务副校长周旬同志专程陪同我去重庆。一下飞机，仍住渝州宾馆。他们引领我在洪崖洞吃了一次地地道道的重庆火锅。在洪崖洞吃饭时，我想起了1983年偕同管恒新同学第一次去重庆的情形。当时重庆市委党校哲学教研室曾建平同志接待了我们。

与同学下江南时合影

那次去重庆，我们是由遵义乘火车而来，清晨在重庆菜园坝火车站下车。从菜园坝火车站乘缆车上到两路口，然后乘公共汽车去驻地重庆市委党校。重庆市委党校地处歇台子。八月重庆，骄阳似火，整个山城恰似一个大火炉，重庆人在此煎熬。我们住在重庆市委党校宿舍，既无电扇，更无空调，晚上热得难以忍受，汗水淋漓，无法入睡。我发明了一个好办法，将洗手室的长条水池里放满了冷水，人躺在长水池中，冰爽宜人，待身体凉透了以后，再回到房间，方得以入睡。

每天清晨，我们在市委党校吃完早饭，就到歇台子车站乘坐公共汽车到两路口转车，游览山城。参观了渣滓洞、白公馆烈士纪念馆、北温泉、杨家坪、朝天门码头、磁器口、红岩村……凡是《红岩》书里描述过的地方，我们几乎都去了。当年我去重庆时，朝天门码头与现在大不一样，从重庆港务局大楼沿码头大石阶一路下去就是江边。当我坐在大石阶上，眺望长江与嘉陵江汇合处，观看泾渭分明的两江水时，发现对岸有一处丛林，引起了我无限好奇。我沿江北一路走到洪崖洞，乘坐过江缆车到江南，沿江南滨江路，一路上坡走到了朝天门码头对岸的寺院——慈云寺。因慈云寺正处于朝天门水路码头的交汇处，来往僧侣皆借住慈云寺，致使慈云寺空前繁荣，成为大西南的著名丛林。慈云寺有两大特点：一是僧尼共居；二是存有国宝玉佛。据说此等玉佛来自缅甸，全国仅有四处供放，武汉的归元寺、北京的广济寺和上海的静安寺也有存放。

当时我在重庆的打扮，现在看来也是十分可笑的。脚穿塑料凉鞋，下身穿一大裤衩，上身穿一圆领老头衫，身背一军用水壶。因天气热，老出汗，再加之每天洗不干净，到慈云寺那天，白色的圆领衫被汗水浸透，湿了干，干了湿，已经成为黄色袈裟的颜色了。那天从早晨出来走到午后，我已经大半天没有吃饭了。在慈云寺门口，看到一个小贩，挑着两木桶大米粥和一小筐咸鸭蛋，沿街叫卖。咸鸭蛋一角钱一个，大米粥随便吃，我花一角钱买了一个咸蛋，连喝了十碗大米粥。这下可把小商贩急坏了，他再三说，我是小本生意，你不能再喝了。最后，我又给他五分钱，才了结这场经济纠纷。

山城过江的缆车、上山的吊车、江边的吊脚楼、山城的夜景、枇杷山的美色、两江汇合处的雾霭……重庆之美给我留下了深刻的印象。特别是磁器口的小学校（丁肇中、李政道曾在此就读），青石板铺就的街市，五香花生米、油炸小麻花等小吃，再加之街头民间艺人的即席演奏，更让我流连忘返。重庆成为直辖市以后，更加繁荣亮丽了，但我无论如何也找不到第一次去重庆的感觉了。尽管当时条件很差，我们身份较低，重庆市委党校还是尽最大力量接待我们，安排了我们的吃住。实际上我们的要求也很简单，有吃有住就可以了。我们有两条腿，远了坐公共汽车，近了就靠两条腿。七天的时间，我们几乎走遍了重庆市。重庆市的风土人情，给我们留下了深刻的印象。天越热，重庆人越吃火锅，大热的天，重庆人光着膀子，几个人围着火锅，尽管挥汗如雨，但吃得很热火、很有滋味。

离开重庆，我们从朝天门码头乘船顺江而下，直奔武汉。我们是早晨上的船，第一站停在万县过夜，准备第二天早晨过三峡。万县是一个江城，我们下船进城游览了一圈。据说李白曾在万县驻足，留下诗篇。当时给我印象最深的就是万县主要街道中央有一个"西洋钟楼"，现在不知还有没有。

第二天清晨，船过三峡，一路上我们尽情领略了三峡风光，经过了白帝城、神女峰、宜昌、沙市、荆州，最后在武汉登岸。路上因陶醉于长江风光，满脑子尽是著名散文家诗人词人赞美三峡风光的名篇名句，在过宜昌时，不慎将鞋掉进长江。我是光着脚登上大武汉的，在武汉跑遍了大小百货商店，因我的脚太大竟然买不到我能穿的鞋，最后，只得买双拖鞋。我是穿着拖鞋玩遍武汉，又穿着拖鞋从武汉返回北京。

我的二叔王秀阁住在武汉。他是抗日战争前夕，由山东考上当时的国民党政府选派到日本的留学生。据二叔告诉我，因当时家中贫穷，临走时，他仅带了两瓦罐子炒面，只穿了一身衣服，单身乘船东渡日本求学。因家境困难，他无奈考到有全额助学金的北海道大学畜牧兽医系攻读学位，专攻奶牛专业。2004年10月下旬，我带领九十七名中央党校中青年干部培训班的学员去日本考察，其间还到了北海道大学。二叔到日本后，日本侵华战争爆发，国民党政府中断了对留学生的资助。他从此丧失了生计和与家中的联系，仅靠每天到饭馆帮工维持生活。据他讲，每天要包一千个饺子，才能维持他的学业和生存。在这样艰苦的条件下，二叔攻取了双学位。新中国成立后，响应周总理的号召，回国报效祖国，被分配到中国农业科学院工作。1958年又主动要求下放到湖北，组建武汉奶牛研究所，担任所长，为发展湖北的奶牛事业做出了贡献。去世前曾担任武汉政协副主席。"文革"期间，他被打成日本特务和反动学术权威。我二婶是日本人，有两个儿子，"文革"前我的日本婶子与二叔离婚，带着两个堂弟回到日本。因难以忍受的政治迫害和孤独，二叔三次从长江大桥上跳江自杀寻死。但跳江后，因水性好，边游边想要不要死，想来想去还是断不了求生的念头，又游回岸上了。"文革"后，二叔获得新生，又娶了一门新婶子。我这次准备看一看他老人家及他的家人。我是第一次去武汉，二叔和二婶热情地接待了我。我参观了武汉三镇、武汉大桥、武昌起义纪念馆、东湖、古琴台、归元寺、中山公园等。改革开放二十多年以后，我再次来到武汉，武汉已经发生了翻天覆地的变化。

　　我在武汉住了三天，就乘火车返回北京了。俗话说，行万里路，读万卷书。这次调研和旅游，增添了我很多社会阅历。

李玥之死

　　我们一行七人到秦市代职锻炼。临走之前，我们做了充分的思想准备。考虑到地方工作的特殊性和复杂性，特别是河北刚刚从"文革"的恶性斗争中走出来，"文革"派性斗争的阴影仍然笼罩着地方人事。特别是我们去河北代职锻炼时，河北省主要党政领导长期不和，有矛盾，甚至影响到地市领导班子的团结。譬如，我去省里开会，去看一下省委省政府的主要领导，前门进去看省政府领导，然后由前门出来，绕到后门再进去看省委领导，不能让他们知道我看对方了。出于这种特殊情况，我提出在代职锻炼人员内部要遵守一个不成文的规定，只在地方干事，不参与地方人事。我把这条不成文的规定，又具体化为只进行调查研究，不具体接待或回答来访、上访，遇到此类问题只负责反映不表态；广泛联系干部群众，不具体参与干部任免和人事调配；只完成分工的任务和交办的工作，不干不属于自己分管的事情。即使如此，我们还是受到地方派性阴影的影响。我们代职锻炼一行人中年龄最大的首推老大姐李玥，她是文史部的副教授，学历史的，老三届大学生，个子高高的，有男子汉的性格，责任心强，热爱工作，性格开朗，为人热情。因为是学历史的、教历史的，对现实政治生活了解不多，城府不深，说话直爽外露。有些话未经深思熟虑就说出来了，或是说话的场合不对，不宜在公开场合讲的话、表的态，在公开场合讲了话、表了态，无意中伤及了一些人，惹怒了一些人。我们进入秦市三个月以后，有人就开始散布中伤李玥的一些谣言。有人直接写匿名信到中央党校组织局，告李玥的黑状，制造出她与××有男女关系的虚假问题，恶意中伤李玥。时任中央党校组织局长的邱建鼎找我，给我看了匿名信，指示我找李玥谈话，提醒她注意，特别要注意处理好各类关系。我当即向邱局长表示，认为信中讲到李玥与××的男女关系问题，根本不存在，我担保没有问题。邱局长指示我，无论如何，还是要提醒她注意影响。我当即找到李玥，巧妙地提醒她要注意影响。也可能由于谈话不明确，并没有引起她的高度警觉。最后恶意中伤的匿名信直接传到她的手上，她一下子就被击垮了，整个精神都崩溃了。原本她就身体不好，做过大手术，心脏不好。突然发作一次心梗，回家休息了一个月，稍微好转，她就返回了工作岗位。然而，接连不断的流言蜚语的打击，使她在工作岗位上再一次病倒，不得不返回北京，住进西苑医院治病，最后不治身亡。向遗体告别那天，常务副校长薛驹亲自前往吊唁。我们代职锻炼的同志全都返回北京给李玥送行。至今李玥音容笑貌还时时在我脑海中闪现。李玥是我们一行七人中牺牲在工作岗位上的代职锻炼教学干部，也是中央党校十几年来派员锻炼唯一死在工作岗位上的教学干部。

我们一行七人中的党史部的讲师刘永明也是英年早逝的年轻教员。他被任命为昌黎县委副书记，与一副县长分管旅游开发。他是锻炼完毕回京一年后，患白血病去世的。我们一行去秦市锻炼七人，过早地走了两人。

人的生命是宝贵的，但也是脆弱的，短暂的。人活在世上，一定要树立正确的生死观，既要活得有价值，也要善待生命。

中西文化的差异，在生死观问题上有鲜明的体现。我认为，中国传统文化观念，反映在对生死问题的看法上，突出表现为"乌龟式"的生死观。这种生死观把追求长寿作为生死观的核心理念，认为只要能多活就行，至于能否实现生命的价值则无所谓。龟可以少运动，少作为，只要活的时间长就是生命的价值所在。追求长生不老，在中国传统文化特别是道教文化中有鲜明的体现。长期受"乌龟式"生死观的影响，中国老百姓把长寿作为人生追求的目标。历代君王追求长生不老之药也是常例。什么"山呼万岁"、"长命百岁"、"长寿不老"、"万寿无疆"等提法都是对于长寿的片面崇拜和追求，都是这种"乌龟式"的生死观念的具体反映。当然在中国的封建社会、奴隶社会、半封建半殖民地社会，统治阶级的长寿观念是建立在剥削阶级的物质享乐观和生死观上的。

我把西方文化的生死观概括为"兔子式"的生死观。不求长寿，但求一搏，以实现生命的价值。这种生死观念在海明威的小说《老人与海》中得到了鲜明的体现。这种生死观实际上体现了西方新生资产阶级的革命要求。

我的一生中有四次与死神擦肩而过，亲身经历过生与死的考验。

第一次发生在我刚到北大荒的第一个冬天。我是1967年11月到北大荒的。离开北京时，刚入冬，并不寒冷。但是乘火车一出关，特别是过了长春，就看到了白雪茫茫的一片大地和山林。当我们乘火车经过哈尔滨、牡丹江、密山，来到了虎林县红星小站下车时，大家一下子就被"白茫茫一片大地"所折服，为荒凉一片、渺无人烟所震惊。当年我们一到生产队就住在排水工地的地窖子里，如果转年想住进房子，当年冬天就必须伐木、打石头，开春还要脱坯，为春播之后盖房子备足料。我刚到生产队，就被编入农工排，全排男劳力上山打石头，女劳力在家积肥。我们男劳力背着行李卷，坐着拖拉机进完达山深山里开山打石。打石头第一道工序是打炮眼、装炸药，将山炸开；第二道工序是将大石头破开，打成料石；第三道工序是装车卸车，将石头运到基建工地。所有工序中最基本的劳动技能是扶钎打锤。抡大锤打石头，每一锤下去，虎口震得生疼。六磅到十二磅的大锤，抡一天下来，浑身酸疼，胳膊红肿，双手满是血泡。累还不是问题，更主要的是有生命危险。特别是到了开春季节，化冻以后，石头松动，极容易发生意想不到的事情。第一次我与死神擦肩而过，就发生在山石塌陷的一瞬间。当时我正与几个战友在山坳处的石洞周边作业，突然，山下有人看到我们头顶上有一块几方大小的巨石发生松动，马上高喊注意，话音刚刚落下，一块巨大的石头，从我们几人头顶上落下，说时迟，那时快，我们以迅雷不及掩耳之势，快速地躲进了身边的山洞才免除灭顶之灾。然而大石头落下引起整个石场石头松动翻滚，乱石横飞，致使我的同学马胜利为此而被打断了手骨。

第二次与死神擦肩而过发生在1987年。当时我同中央党校《理论月刊》的李小兵、人民出版社的方鸣一齐去安徽黟县参加哲学学术讨论会。此次去安徽，是我第一次登黄山。为了参加这次学术活动，我还"破费"二十五元在北京小摊上买下了一套西装，这是我平生第一次穿西装。可惜的是我在登黄山时遇雨，因价低质次，这身西装缩水，已穿不上身了。下了黄山，我们又去合肥，参观了合肥包公祠和环城公园。第二天，我们从合肥乘飞机返回北京，乘坐的是运十飞机，一起飞，飞机起落架升不回来，也落不下去，最后在济南机场迫降。迫降时是十分危险的。飞机落下后，乘客情绪激愤，找机场领导。机场领导不知躲到哪里去了，大家又去总机室要求与机场领导取得联系，接线员吓得把电话线错插到电门上，引起了总机房着火。我记得，当时一起乘飞机的，还有一个影视名人叫杨在葆。和我一同乘飞机的李小兵、方鸣不敢再乘飞机了，转乘火车返回。我第二天又乘该机返回北京，据说方鸣至今还是不敢乘飞机。

在黄山留影

在黄山留影

在合肥留影

我与死神第三次擦肩而过是发生在1988年夏天。我随同韩树英老师去吉林调研，有机会去了一趟长白山天池。韩树英老师由吉林省委党校常务副校长张弓长陪同，乘越野车在前，我与牡丹江市委党校李副校长乘坐日野面包车随后。在爬上临近天池最后一个坡时，前面的越野车一加力上去了，而我们这辆车爬坡打滑一下翻滚下了山，幸亏山腰有一个大树墩子把我们的车拦住了。当我从车窗处爬出来时，看到山底下，一辆刚刚滚到山底的吉普车，四轮朝天，正在着火。我们这辆车的司机浑身是血，李副校长脑震荡，至今留下后遗症，阴天下雨就头疼。而我却完好无缺，毫毛未损。当我从车窗爬出，爬上山时，随同来的吉林省委党校办公室王华巍同志还故意问我，临死时想什么？我用东北话回答说："啥都来不及寻思，两眼一闭，该咋地咋地吧！"

我第四次与死神擦肩而过是发生在十四大之后去宁波讲学时。十四大之后，我们哲学教研部在宁波党校举办了一期十四大精神学习班，我担任关于生产力标准问题的讲课任务。讲完课后，在宁波机场准备乘飞机返回北京，当时在宁波党校代职锻炼的哲学教研室教师盛天启同志负责送我，同时迎接来讲课的张绪文老师和肖勤福同志。因不明原因，两次送我到机场都未能起飞。最后终于登机起飞了，然而飞机刚刚升空，突然左侧舷窗一声巨响，一片火光，满舱都是烟。此时我旁边坐的一位海军同志说："不好了，发动机起火了，赶紧写遗嘱吧。"话音刚落，飞机广播告诉我们，故障已排除，请大家安静，现在飞机马上返回宁波机场。待我们惊魂未定时，飞机已返回了宁波机场。我给盛天启同志打电话，要求他回来再接我们时，他很诧然，这只不过是几分钟的事情。张绪文、肖勤福在事件发生时，都在现场。

热心的冀东人

秦市位于冀东地区。自古"燕赵多慷慨悲歌之士"，冀东人具有一种豪放义气的性格。我在秦市代职锻炼，认识了一批市、区（县）、乡领导干部，并和他们交了朋友，向他们学到了不少东西。与我建立深厚情谊的有当时的市委书记顾二熊，后担任河北省副省长、全国供销总社副主任；市长王大名，常务副市长陈来立，他们二人后来都担任过市委书记，陈来立后任省委常委兼石家庄市委书记；还有时任市委秘书长刘金果，后调任河北省委常委兼公安厅厅长、公安部副部长；卢龙县委书记张树仁，后任副市长、市委副书记、省林业厅长；抚宁县委书记菅瑞亭，后任常务副市长、市长；北戴河区委书记周卫东，后任秦市委副书记；组织部副部长杨泰安，后任市委常委、政法委书记；海港区委副书记杨金卿，后任河北省新闻出版局局长；青龙县委书记王文义，后任粮食局长……这些人至今还与我保持紧密联系。我在2001年到秦市参加"三北"地区党校校长座谈会时，会见了四十多位市级领导干部，对每个人，都能说出他们的职务和年龄。而我印象最深和交情最深的，当属书记顾二熊和市长王大名。顾二熊、王大名等人特别是顾二熊为人热情、豪爽，我和我的党校同事能在秦市站住脚，多亏了他的多方照顾。我去秦市时间不长，他就调任副省长，

在长白山留影

但还是从省里给了我们极大的支持和帮助。我体会，对于人的一生来说，朋友之间的友情与支持，比任何金钱都重要。我刚去秦市时，秦市财政并不富裕，我们代职锻炼干部吃住条件都比较差。我是临时住在市委办公楼我的办公室里，外屋办公，里屋住人，整层楼只有一个公共洗手间，晚上连热开水都没有，夜里供暖不足，常常被冻醒。一天三顿饭到处凑合，早晨稀饭、馒头和咸菜，中午米饭、馒头和一份炖菜，晚上稀饭、馒头和咸菜，天天如此。北方城市特别是在冬天，一到晚上，家家闭门关灯睡觉，大街上静得几乎没有人。当时整个秦市只有一个室内游泳馆，一个电影院，一个新生事物——卡拉OK厅。因人生地不熟，夜里，我就在办公室里看书写东西。李玥吃住条件好一点，宣传部安排她住在商业招待所，晚上可以洗上热水澡。我们几个市直的同志，每星期只能轮流到李玥那里洗一次热水澡。住在县里的同志就更困难了。尤其远离亲人，倍感孤独和寂寞。就在我们生活无着无落时，市委领导伸出了友情之手，了解到我们的情况后，着手解决我们的吃住问题。我被安排住进了市委文化路招待所套间里，招待所每晚供应一次热水，可以洗热水澡了。市委开办了一个小食堂，一天三顿饭有了着落。每周都由文化局安排我们去看场电影，或到游泳馆游泳。在县里工作的同志生活也有了极大改善。

122　　市领导不仅从生活上关心我们，帮助我们解决了不少困难，还从工作上大力支持我们。我刚到秦市，虽然担任常委，但在市里无实际工作，只是参加常委的集体领导，实际工作是在海港区兼副书记。海港区委书记是市委常委、组织部长王瑞东兼的，他在市里的工作较多，区里很多工作实际由我来做，当然大政方针是由他主持常委会决定，我只是加以落实。一方面，我协助他负责区委工作，另一方面，分管工业经济、党建、宣传、党校、机关党委、研究室。王瑞东给了我极大的指导和帮助，使我在海港区站住了脚。在海港区，除了主持一些日常工作外，我主要精力还是放在调查研究上。海港区除了几个街道之外，还有几个乡，如黄土岭乡、燕岭乡、白塔岭乡等，有一百多个村庄。我先深入到街道，然后深入到乡村，一个一个地去摸情况，搞调查研究。调查研究的重点是乡镇企业发展和农村党的建设。我在海港区用了八个月时间，几乎跑遍了海港区大大小小的街道、村庄和企业，交了一大批乡村干部朋友。除此之外，对海港区委和区政府的各个机构也做了较为全面的调查，了解了一个区的党和政府的运作程序。

在秦市期间，我还发挥自己的长处，做了四次大范围的学习报告，一次是给秦市处以上干部培训班讲课，题目是"学习马克思主义理论，坚定共产主义信念，建设中国特色社会主义"。还有三次是给海港区干部做学习辅导，题目分别是"坚持社会主义道路，必须坚持党的领导"；"怎样运用马克思主义哲学，认识社会主义"；"十一届三中全会以来的路线要讲一百年"。

八个月后，市委书记向我提出，不要老在区里转悠了，干脆到市里工作。于是我被免去区里的职务，调回市里，一开始协助主管书记分管经济工作、研究室、农工委、企业工委、市直工委、开发区工委、群团工作。后几个月，由省委任命为市委副书记，协助市委书记抓经济工作，分管对外开放工作、党群工作、农村工作、调研工作和党建工作，其中有一些工作与另一位副书记分管的工作交叉。可以说，我在秦市最需要理解、支持时，秦市的干部群众给了我无私的援助。人们说，战火中的友情是永恒的，人在患难之中结真交。

实践南巡谈话精神

我在秦市工作期间，经历了一件对我国发展影响深远的事情，那就是邓小平发表了著名的"南巡谈话"。当时外电评论：邓小平"南巡谈话"就像一股威力无比的旋风，国外媒体称之为"邓旋风"，再次掀起了解放思想、改革开放的高潮。我在地方工作，亲身感受到了"邓旋风"对解放思想、改革开放事业的强力拉动和极大推进。秦市是得益于改革开放而兴市的，是改革开放的产物。自建市以来，秦市有了长足的发展。但距离改革开放的要求，秦市的发展差距还很大。秦市干部群众不满意秦市工作，特别是秦市作为十四个沿海开放城市，一直排位在倒数第二名。如何加大秦市改革开放的力度，推进秦市工作大踏步发展，这是全市人民的期盼。我记得邓小平的"南巡谈话"，下发过两次，第一次与第二次文字用语有所改变。"南巡谈话"下发之后，市委中心组首先组织了学习。我把文件带回办公室反复研读、消化，结合秦市情况做了认真的思考。经过一段时间的准备和思考，我在市委常委会上作了一次长篇发言，提出了学习落实

在长白山留影

在长白山留影

"南巡谈话",进一步解放思想、转变观念,加大秦市改革开放力度的思路和设想,这既是我学习"南巡谈话"的体会,又是我一年来对秦市深入调研,吃透市情的思考。我的发言,受到常委们的重视,特别是受到市委书记丁文彬、市长王大名的高度评价。常委会做出了学习"南巡谈话",进一步推动秦市改革开放的决定,并决定成立市对外开放领导小组,由我担任组长。为了落实"南巡谈话"精神,由我提议,市委同意,组织"三区四县"和市直有关部门领导成立学习考察团,由我带队,赴辽宁、天津、山东、江苏等地考察学习,借鉴别人的经验,掀起新一轮改革开放的热潮。我们南下学习的第一个城市是徐州,徐州当时提出"砸三铁",即"砸碎铁饭碗、搬开铁交椅、砸掉铁工资",进行人事制度改革。我印象最深的是到山东胶东半岛的青岛、烟台、威海三市考察，学习到了不少好经验。我记得在烟台市，烟台领导传给我们的真经是"马无夜草不肥，人无外财不富"，要下大力气引进外资；"撑死胆大的，饿死胆小的"，要大胆改、大胆闯；"先下手为强，后下手遭殃"，要敢为人先，敢于做前人没有想、不敢做的事情。烟台传授的真经对我们前去考察的干部震动非常大。大家一路参观、一路思考、一路议论，逐渐形成了给市委的关于进一步推进秦市改革开放的设想和思路，特别是提出了加大开发区引资和建设力度的方案。回来后，在市委书记、市长带领下，我们一同接连到开发区、到"三区四县"开了一系列现场办公会，大力推进秦市新一轮的改革开放，主持了一些重大投资项目的引进。这次工作经历，提高了我对市场经济的认识水平，积累了全面运作经济工作的经验。这次去烟台，我还顺便去了一趟老家海阳县，看到了父亲反复向我念叨的老家的山山水水，这也是我第一次回山东老家，受到了当地书记县长的热情接待。这次考察学习，我又第二次到了连云港，感觉到连云港发展得并不理想。

正当我甩开膀子，准备在秦市大干一场的时候，突然接到中央党校组织局的电话通知，告知我邱建鼎局长带着考察组来考察我，马上让我提前结束代职锻炼，返回学校。当时负责考察我的是邱建鼎和干部处长唐广发。考察完毕几天之内，我就奉调返回中央党校。后来听说，河北省委打算留我在河北工作，派顾二熊找了中央组织部和薛驹，当时校委考虑中央党校极需年轻干部，决定让我迅速返回北京。回来后任命我担任哲学部副主任，不久又任命我为教务部常务副主任。十四大之后，进入了校委班子，成为当时最年轻的校委委员，从此走上了党校教学管理的岗位。因在秦市工作期间，与同志们建立了深厚的感情，临走时，秦市的同志们一拨一拨送我，使我感受到了基层干部的热情和真诚。

我在秦市代职锻炼时间并不长，也就一年半时间，但对我一生的发展却是至关重要的。这一年多的时间里，使我丰富了人生阅历，积累了工作经验，提高了领导才干。年轻干部，特别是从事党的理论工作、干部教育工作、机关工作的年轻干部一定要到基层去锻炼。缺这门课的，要尽早、尽快补上。年轻干部到基层锻炼，不能浮在上面，不能去镀金、混经历，必须扎下身子，实实在在地深入实践、联系群众、联系干部，和他们一起生活、一起工作。

2008年5月16日

于中国社会科学院办公大楼完稿

第二部分

一、相互切磋　教学相长*
——王伟光老师与部分学员共同探讨社会主义真谛

哲学教研室王伟光老师，应进修二班甲班三、四支部的邀请，于3月30日上午、4月3日下午和11日晚上，与部分学员进行了三次答疑座谈。学员们普遍反映效果很好。

座谈的由来

哲学部分的教学，由于学校的精心安排，主讲教师的精彩讲解，引发了学员们的浓厚兴趣和求知欲望。《关于历史唯物主义的几个问题》辅导讲座，因故没有讲授，学员们若有所失，渴望通过某种方式予以弥补。宁梅老师"体察民情"，及时与哲学教研室联系，遂请王伟光老师为学员答疑，王老师却欣然同意与学员座谈，而且连续三次。这种精神使学员们深受感动。

座谈的主题

什么是社会主义？马克思设想的社会主义与现实的社会主义有哪些不同？社会主义发展的动力是什么？现实社会主义的优越性表现在哪里？这一制度的优越性为什么迟迟得不到发挥？怎样理解现实社会主义国家生产力的发展不如发达资本主义国家迅速？解决的途径又是什么？这一系列的问题既是萦回在学员头脑中不得其解的问题，也是历史唯物主义无法回避的问题。这就是这次座谈的主题。

座谈的进行情况

这次座谈的方式是，先请王伟光老师讲解，然后就三支部学员、国家体

---

*该文原载于中共中央党校《教学情况反映》1989年4月29日第14期。

1989年10月与学员合影

改委秘书长洪虎同志预先提出的十个问题逐个发表意见。学员们可以随时提出问题，阐述自己的见解，与老师磋商。随着问题的深入，气氛的融洽，原定座谈一次已不能满足要求。经王老师同意，又安排了两次。

第一次座谈，王伟光老师先系统地讲解了历史唯物主义的框架及基本观点，从总体上阐述了对社会主义再认识的有关问题，然后耐心回答了学员们提出的问题。

第二次座谈，按洪虎同志提出的问题的顺序，重点探讨了社会发展的动力问题，涉及到根本矛盾、基本矛盾、主要矛盾及其相互之间的关系，落脚到体制改革的重要性和必要性。

第三次座谈，从生产力和生产关系的矛盾运动出发，集中探讨了社会主义制度的优越性问题，意在坚定对社会主义的信心。

座谈的收获

这次座谈的问题难度很大，有的超出了哲学课的范围。尽管如此，学员们仍感到受益匪浅。有些问题得到了解决，有些问题虽未完全解决，但找到了进一步探讨的思路。

座谈会虽以老师讲解为主，但采取了对话的方式。这就缩短了师生之间的距离，造成了平等切磋的气氛，学员们也有机会直接提出最为关心的问题，并发表自己的看法。大家各抒己见，畅所欲言，使问题探讨得较为深入。

这次探讨的问题固然以历史唯物主义为主，但涉及到政经、科社等领域。王伟光老师深厚的哲学功底、广博的知识、清晰的思路、敏捷的反应、严谨的治学态度，给学员们留下了深刻的印象。大家高兴地看到，党校教师后继有人。

（进修部二班第三、四支部供稿）

二、党校培养的第一个博士*
——介绍中央党校青年学者王伟光

一　凡

王伟光出生于1950年，1982年毕业于北大哲学系，获学士学位，1984年毕业于中央党校，获硕士学位。又刻苦攻读三年，作为韩树英教授的研究生，他在有近十位中外知名学者参加的答辩会上，于1989年3月顺利地通过了博士学位论文的答辩。

王伟光同志勤奋治学，成果显著。迄今为止，他已发表学术专著五部，计57.3万字；译著三部，计26.85万字；译（校）文12.6万字；论文三十余篇，计14.7万字；调查报告两篇，0.6万字；教材5.8万字。总计约112万字。此外，他还主编资料书一部，24万字；专著一部，30万字；担任《改革的理论与实践》丛书副主编，除组织选题外，审稿、定稿近200万字。他的主要著、译作（含参加部分编写）有：《社会主义矛盾、动力和改革》、《社会利益论》、《社会生活方式论》、《政治体制改革论纲》、《控制论、信息论、系统科学和哲学》、《论社会主义社会的矛盾和发展动力》、《历史与阶级意识》、《西方政治思想概论》。其中，《控制论、信息论、系统科学和哲学》获1986年金钥匙图书奖、1987年全国优秀畅销书奖。

王伟光的治学特点是：重视对重大现实问题的研究。他注重理论联系实际，注重调查研究，紧紧抓住社会主义建设和改革实践中的重大问题，努力钻研马克思主义，力求为发展马克思主义作出贡献。他的博士论文《论社会主义社会的矛盾——立足于经济分析》，突出地反映了他的这个特点。专家们认为，该论文对现实性很强、难度很大的课题"作了有意义的探索和贡

---

* 该文原载于中共中央党校《党校科研信息》1989年6月30日第69期。

献，是一篇有相当重要的理论意义和实践价值的文章"。对于他主持撰写的《社会利益论》一书，《光明日报》上发表的书评认为："这样全面探讨利益问题，具有一定的理论价值"，提供了"透视社会现象的重要方法"，"对改革实践具有现实的可应用性"。

王伟光现为哲学教研室讲师。他的教学效果从一个侧面反映了他的治学态度和学术水平。学员支部一篇反映教学情况的稿件，表扬"王伟光老师深厚的哲学功底、广博的知识、清晰的思路、敏捷的反应、严谨的治学态度给学员留下了深刻的印象"，赞称"党校教师后继有人"。

王伟光现在担任中国政治体制改革研究会研究部主任，主持几项重要的科研工作。他还受聘为新疆自治区政策研究室的研究员，应约参加过一些省、市的体改和远期战略发展的规划和咨询工作。他参加了韩树英教授主持的国家项目的研究，主持了本校重点科研项目《社会主义政治体制》的研究。

三、面向世界 走向未来*
——访中共秦皇岛市委常委王伟光

这是一个使人一见难忘的形象，和他接触过的人都会被他身上的气质所吸引。他体魄魁梧健硕，举止豪爽洒脱，动人的脸上洋溢着诚挚而热情的微笑，深沉的双眸中闪烁出隽永而又自信的光，深厚的嗓音里透露着直率而又睿智的话……

他就是记者怀着钦佩之情所要采访的中共秦皇岛市委常委王伟光。曾在北大荒下过乡、担任过基层领导，又在北京大学读过书，现任中共中央党校学术委员会委员、马克思主义哲学教研室主任、副教授、中华全国青年联合会委员的哲学博士，今年3月份从北京中央党校派往秦皇岛挂职锻炼。在接受记者采访时王伟光博士说："秦皇岛市海港区是一个具有悠久文明的现代化临港城区。明朝诗人陈绾来到这一带曾留下'闻说秦皇海上游，至今绝岛有名留'的诗句，诗中所说秦皇海上游的'绝岛'，大约指的就是海港这一带地区。海港区是我国较早进行对外贸易和国际交往的重要港埠，它地处渤海湾中心地带，源远流长的历史文化和得天独厚的自然条件，为海港区的经济和社会发展奠定了坚实的基础。今天，在改革开放的大潮中，作为我国沿海的开放城区，作为秦皇岛市委、市政府所在地的海港区已成为全市政治、经济、文化的中心，在秦皇岛今后的发展中具有举足轻重的地位。"

在谈到海港区今后一个时期的工作任务和发展前景时，王伟光同志说："关于海港区的概况和投资优势，请记者同志找海港区徐淳区长谈一谈，在这里我就不多说了。"谈到此，王伟光同志话题一转说："海港区的十年规

---

* 该文发表于1991年8月24日《中国开发报》。

划和'八五'计划对今后十年该区国民经济和社会发展的总体设想及奋斗目标，从定性和定量两个方面作了充分的表述。定性目标对今后十年发展总体设想作了大致的概括，即通过十年努力，把海港区建设成为以临港产业为特点，高科技、高创汇、高效益的轻型产业为主，实力增强、效益显著、环境优美、城郊一体的新型文明市区。定量目标对今后十年和'八五'期间的主要社会经济发展指标作了科学的规定，'八五'期间工业总产值实现三个亿，国民生产总值实现四个亿，社会总产值实现七个亿。到2000年国民生产总值比1980年翻三番，城乡人民生活进入小康。"王伟光同志谈道："按照党的十三届七中全会和七届全国人大四次会议精神，结合海港区的实际，海港区经济发展总的指导思想应当是：认真贯彻落实党的基本路线，坚定不移地以经济建设为中心，继续推进改革开放，以搞活企业发展工业、稳定推进城郊农业为重点，大力调整产业结构，改善经营管理，开发旅游商业等第三产业，把全部经济工作切实转移到提高经济效益上来，坚持抓基础、抓班子、抓巩固、抓发展。"王伟光同志特别指出："按照这个总的指导思想，海港区工业、农业、财贸等经济发展的基本思路是：

"首先，把发展工业放到突出的位置，学习'吉化'练好内功，打好基础，增加后劲；坚持依托港口、依托大企业、依托大专院校、科研单位，发展壮大工业；坚持靠港兴区，开放兴区，科技兴区；以提高经济效益为中心，以调整产品结构为突破口，一手从科技改造、加强管理入手，抓现有企业的巩固、提高；一手抓新项目、新产品的开发，力争在质量、品种、效益三个方面有明显进步，逐步形成以乡镇企业为支柱、区直工业为基础、街居工业为后续的具有临港特色的工业经济格局。

"其次，牢固树立以农业为基础的指导思想，大力发展城郊经济。继续深化农村改革，完善社会化服务体系，稳定完善双层经营体制，发展壮大集体经济，坚持不懈地抓好农村党的建设、社会主义教育、农田水利建设等农村基础建设，进一步调整产业、产品结构，扎扎实实地组织农业开发，把海港区城郊型经济提高到新水平。必须大力抓好乡镇企业，突出抓好乡镇企业的巩固、发展，使得乡镇企业有一个较大发展。努力提高粮油单产，稳定粮油总产，发展蔬菜保护地生产，提高菜、肉、蛋、奶、鱼的产量，丰富居民的菜篮子。与此同时，巩固果树面积，搞好低产园的改造，稳定果品产量，发展畜牧渔业生产。

"再次，坚持改革开放，靠改革开放引进人才，培养队伍，提高全区干部群众的素质，搞改革开放振兴全区经济和社会的全面发展。坚持以调整产业、产品结构为突破口，以引进技术、资金、人才为重点，主动出击，扩大关系、抢抓机遇，发挥优势，外引内联，双向开放，靠开放壮大经济实力，推进经济和社会的全面发展。

"再有，巩固、提高和发展旅游、商业等第三产业，推进区内经济全面发展。根据海港区的特点必须努力开拓旅游资源，大力发展旅游业。同时，商业、物资、供销工作要继续以'一个方针、两个服务、三大观点'为宗旨，加强企事业管理、开展达标升级活动，提高服务水平、企业素质和经济效益。要巩固服务行业、运输行业，大力发展建筑业、仓储业、房地产业、信息咨询、技术服务等新兴第三产业。"

最后，王伟光特别强调："为了保证'八五'设想和目标的实现，海港区应当采取的主要措施是：第一，进一步解放思想，增强全区干部群众的竞争意识，外引内联，实行全方位开放。第二，一手抓技术改造，一手抓新项目开发，争取多上、快上一些高科技、高起点、高效益的新项目，打好工业翻身仗。第三，坚持以科技为先导的方针，实施科技兴区战略，依靠科技进步，抓好经济建设，实施科技兴区。第四，大力开发、培养、引进人才，逐步建立起一支素质好、水平高的技术队伍、管理队伍和职工队伍。第五，广开财路，适度增加资金投入。第六，搞好旅游资源综合开发，大力发展旅游经济。必须充分利用海港区的旅游资源优势，复建秦代《碣石门辞》，复建秦皇求仙入海遗址，以此为龙头，搞好秦文化建筑群观赏胜地的建设，搞好以海滨浴场和海洋自然资源保护区为主的大型海滨游乐场所的开发，使旅游事业逐步成为全区经济的一个支柱产业。第七，坚定不移地贯彻党的基本路线，抓好党的建设，抓好社会主义精神文明建设，最大限度地调动干部群众政治积极性。"

最后，王伟光同志蛮有信心地说："展望未来，前程似锦。我相信海港区的干部群众一定能够以扎扎实实的务实精神和苦干劲头实现自己的设想，以稳健的步伐向预定的目标迈进。"

四、王伟光学术成就简介*

　　王伟光，马克思主义哲学工作者、理论工作者。祖籍山东省海阳市，1950年2月出生于辽宁丹东。1981年毕业于北京大学哲学系，获哲学学士。1984年毕业于中央党校理论部，获硕士学位。1987年毕业于中央党校研究生院，获博士学位。哲学博士、博士研究生导师、教授。中国马克思主义研究基金会理事长、中国马克思主义哲学史学会副会长、邓小平理论研究会会长。马克思主义理论研究和建设工程首席专家、中央党校马克思主义理论一级学科、哲学一级学科学术带头人。1987年荣获国务院颁发的"国家有突出贡献的博士学位获得者"荣誉称号，享受政府专家津贴。中国共产党第十七届中央委员会候补委员，中国共产党第十六次、十七次全国代表大会代表，第十届全国人大代表、全国人大法律委员会委员。现任中共中央党校副校长。

　　王伟光长期从马克思主义哲学、马克思主义基本理论、马克思主义中国化的研究与教学，特别是对中国特色社会主义理论与实践、社会主义社会矛盾和发展动力、正确认识和处理新时期人民内部矛盾问题、利益理论和社会主义初级阶段的利益关系和利益矛盾、社会主义改革开放的重大理论和实际问题、科学发展观和社会主义和谐社会理论进行了深入的研究。王伟光学术研究的脉络清晰，特点鲜明，文风清新，独树一帜。二十多年来，坚持不懈，曲径通幽，笔耕不已，著述颇丰。出版学术专著三十余部，主要有：《社会主义矛盾、动力和改革》、《社会生活方式论》（合著）、《政治体

---

* 原载于《江汉论坛》2007年第9期。

制改革论纲》（合著）、《控制论、信息论、系统科学和哲学》（合著）、《经济利益、政治秩序和社会稳定》、《利益论》、《谈谈新时期人民内部矛盾问题》（合著）、《科学发展观研究》、《科学发展观的研究与实践》、《社会主义和谐社会的理论与实践》、《效率、公平、和谐——兼论新时期人民内部矛盾与社会主义和谐社会》、《马克思主义利益论》等。主编或参与主编的著作主要有：《马克思主义基本问题》、《创新论》、《"三个代表"重要思想研究》、《"三个代表"重要思想概论》、《社会主义通史》（八卷本）、《建设社会主义新农村的理论与实践》。译著主要有：《历史与阶级意识》、《西方政治思想概论》。在《人民日报》、《光明日报》、《求是》等国家级报刊杂志上发表论文三百余篇。许多论文为《新华文摘》转载。主持多项国家哲学社会科学基金项目。即将由学习出版社出版的《王伟光自选集》集中反映了他在马克思主义哲学和马克思主义基本理论研究方面的学术成果，集中反映了他在马克思主义中国化、党的理论创新研究方面的学术成果，集中反映了他对中国特色社会主义和改革开放实践中重大现实问题研究方面的学术成果。其主要学术贡献有：

关于马克思主义哲学和马克思主义基本理论的研究

王伟光关于马克思主义哲学和马克思主义基本理论研究的学术思想集中反映在他的三本专著中：（1）《经济利益、政治秩序、社会稳定》（1987年出版）。这本书从国际共产主义运动和国外社会主义发展的历史跨度，紧紧把握中国社会主义发展的实际，集中回答了社会主义矛盾和发展动力问题，认为发挥社会主义发展动力作用的总题目，就是正确处理和解决社会主义矛盾，以调动群众积极性，大力发展生产力。根本问题是体制问题，出路是社会主义体制的全面改革。（2）《效率、公平、和谐——兼论新时期人民内部矛盾与社会主义和谐社会》（2006年出版）。这本书集中回答了新时期人民内部矛盾和构建社会主义和谐社会问题。王伟光认为，马克思主义对立统一观点是构建社会主义和谐社会的哲学基础。正因为有矛盾，才要构建和谐社会，而构建和谐社会，必须化解矛盾。构建社会主义和谐社会，关键是正确处理人民内部矛盾和诸多社会矛盾，而正确处理人民内部矛盾和诸多社会矛盾，关键是正确处理人民内部利益矛盾和协调各方利益关系，各级领导干部必须提高正确处理人民内部矛盾，构建社会主义和谐社会的能力。（3）《利益论》（2001年出版）。这本书以马克思主义利益观为基础，构建了自己独具特色的利益理论体系，他对利益的阐发得到了学术界的广泛认可和重视。《光明日报》发表的书评认为，"这样全面探索利益问题，具有一定理论价值"，作者科学地回答了中国社会的利益问题，提供了"透视社会现象的重要方法"，特别是"对改革实践具有现实的可应用性"。认为，该书不仅是一部哲学著作，也是一部跨学科著作，内容宏富，涉及历史学、人类学等诸多学科，堪称人文社会科学研究的一项重大成果。该书被列为人民出版社珍藏版。

关于马克思主义中国化和党的理论创新的研究

王伟光学术思想也体现在他的另外三本书中。（1）《科学发展观的研究与实践》（2006年出版）。王伟光认为，科学发展观正确反映并科学概括了我国经济社会发展的客观规律，是正确指导发展的马克思主义世界观和方法论的集中体现，是我国社会主义现代化建设指导思想的重大创新，是解决当前我国经济社会发展诸多矛盾和问题必须遵循的基本原则，是指导我国经济社会又好又快发展的根本指针，是马克思主义中国化的最新成果之一，全面落实科学发展观，实现"五个统筹"，是推进我国经济社会又好又快发展的当前头等重要的政治任务。（2）《社会主义和谐的理论与实践》（2005年出版）。王伟光认为，社会主义和谐社会理论首先深化了关于社会主义本质及其主要特征的认识，拓宽了对中国特色社会主义的认识视野；深化了关于社会主义建设理论和指导思想的认识，拓宽了对社会主义发展规律的认识视野；深化了关于共产党执政任务的认识，拓宽了对共产党执政规律的认识视野，是马克思主义中国化的又一最新成果。当前构建和谐社会，要在坚持发展经济、坚持效率的前提下，突出地提出和解决好民生和社会公平问题。

（3）《社会主义新农村的理论与实践》（2006年出版）。王伟光认为，建设社会主义新农村，是中国特色社会主义现代化建设的必然要求，是解决"三农"问题的新理念。建设社会主义新农村，必须逐步实现我国农业的现代化、生产的社会化，农村经济的市场化、工业化和企业化，以及农村的城镇化。实现农业现代化，关键是教育农民，提高农民的素质，使农民成为社会主义的一代新人。

关于中国特色社会主义重大理论与实践的研究

王伟光的学术特色，集中到一点就是：紧密结合社会主义建设实践，紧紧扣住时代脉搏，敢于面陈重大现实问题，给予回答和解决，并从重大现实问题中升华哲学思想和提炼理论精华。

（1）对"什么是社会主义，怎样建设社会主义"这一中国特色社会主义的首要基本问题的研究。他主持编写的八卷本《社会主义通史》较为系统地总结了社会主义作为思想、运动和实践的历史经验。特别是在他撰写的"序"中，对社会主义思想、运动和实践进行了总体剖析，从马克思主义世界观、方法论的高度给予"什么是社会主义，怎样建设社会主义"以哲学阐述。他主编的《社会主义通史》是迄今为止这一研究领域较为全面系统的著述，填补了国内对社会主义思想和运动史进行系统研究的空白，是科学社会主义研究领域的一部力作。

（2）对中国特色社会主义改革开放的实际问题研究。集中体现在他即将出版的《讲习录》中。如对中国社会主义经济体制、政治体制、文化体制的改革问题，社会主义初级阶段的所有制问题、分配问题，社会主义物质文明、政治文明、精神文明、社会文明的建设问题，当前社会主义改革开放中的难点、热点、焦点问题，效率与公平问题等一系列重大现实问题的研究等等。

作为一名党的理论工作者，王伟光将传播马克思主义和马克思主义中国化的理论成果视为自己的分内之责，除长期在中央党校讲授马克思主义和马克思主义中国化的理论成果外，还应邀经常在全国党政军系统作专题报告，宣传马克思主义和马克思主义中国化的新成果，宣传党中央的路线、方针、政策和重大战略决策。他紧紧围绕党中央作出的战略决策，撰写、编写的宣传中央精神的论文和书籍也在党内和社会上产生广泛而积极的影响。

五、让哲学融入生命*
——走近中央党校副校长王伟光教授

党的十六大以来，"树立和落实科学发展观"、"构建社会主义和谐社会"已成为时代的主旋律，学习和传播党的理论创新成果成为广大哲学社会科学工作者的神圣使命。机缘巧合，笔者拜读了近年出版的《科学发展观的研究与实践》、《构建社会主义和谐社会的理论与实践》、《社会主义新农村建设的理论与实践》三部在理论界颇有影响、在社会上引起关注的著作，受益匪浅，由此引发了对著者的采访兴趣。近日，怀着一颗寻求答案、探索真理之心，笔者走访了中央党校副校长王伟光教授。

在采访过程中，笔者深深为他笃学慎思的学者风范、举重若轻的领导艺术、忧国忧民的深沉情怀和雍容大度的人格魅力所吸引、所打动……

从北大荒到北大

初见王伟光，给人印象颇深的，不仅是他高大的身影，更是他睿智、从容的哲学气质。从北大到清华，从人大到党校，笔者几乎听遍了首都名师的课，然而王伟光的讲课还是令人感到惊喜和振奋——他直面现实、切中肯綮、深入浅出、旁征博引的教学风格，激发了学员们对重大理论和现实的浓厚兴趣。在讲授科学发展观时，有的学员提问"全面"与"协调"有何区别，他形象地回答："科学发展观的全面与协调是关于科学发展的具有不同内涵的概念"，"譬如人有两条腿，缺一条腿或短一条腿是不全面的，两条腿都有才全面"，"但全面不等于协调，两条腿都有，一条腿向前迈，一条腿向后迈，动作不协调，照样走不好路。"

---

* 该文原载于《中国作家·纪实》2007年第12期。

最终成为一名理论工作者，离不开王伟光个人的追求及其不懈的努力。从梦想到现实，他走过了别人难以想象的艰辛历程，付出了比常人多得多的心血和汗水。不管是在条件恶劣的北大荒，还是在担任领导职务后繁忙的公务之余，他都孜孜以求、潜心向学。他自小对文科有着广泛兴趣；而于哲学，更是情有独钟。十七岁时怀着崇高的理想奔赴北大荒，临行前，他用母亲给他置办棉大衣的钱，买了当时仅能见到的《共产党宣言》等马克思主义经典著作。

　　从学校到荒原，从都市到边疆，等待王伟光的是零下40℃以下的严寒和荒草甸子里的"地窖子"。他从没有退缩，而是以其稚嫩的身躯干劲十足地投入到挖渠排水、开山伐木、春播秋收的艰苦劳动中。风吹裂了手，脚磨出

看望老教师龚士其同志

了泡，他却无暇顾及……在那段黯淡的日子里，最为刺痛的并非冰天雪地的严寒和缺荤少素的艰辛，而是残酷现实对他心中理想的剪灭。初到北大荒，因劳动好、文笔好，王伟光很快脱颖而出，被选为兵团连队负责人。而进驻连队的"文革"工作组有一天突然宣布他的家庭有问题，不由分说撤了他的职务并勒令他到"牛鬼蛇神"班与"五类分子"一同劳动改造。有些人像避瘟疫一样远远躲着他。一夜间，这位风华正茂、充满生机的十几岁少年像换了个人似的。在经过很长一段时间的痛苦煎熬后，王伟光以其自身出色的表现重新赢得群众的信任和组织上的肯定，最终从逆境中勇敢地挺立而出。

当日复一日年复一年的风餐露宿、艰苦劳动使满怀青春理想的知青身心受挫，当一些知青千方百计请病假、事假或争相返城，精神上遭受过沉重打击的王伟光并没有丧失信念，依然如饥似渴地研读马克思主义经典著作。手头仅有的几本马列著作，王伟光读了多少遍已记不清了，密密麻麻的眉批写满了书的空白处，记得清背得下的，是书中启人心扉的真知灼见。他一边潜心学习，一边付诸实践，不断尝试将刚刚学到的哲学知识运用于实践。1972年，二十二岁的王伟光被委派到黑龙江生产建设兵团四师三十九团九连任支部书记兼指导员。九连是大型农业连队，有十一万亩耕地，几百名职工。由于经营不善，连年亏损。王伟光任一把手后，狠抓整顿，特别是制定了与物质奖励挂钩的劳动激励制度，极大调动了群众的积极性，仅一年时间就扭亏为盈。

与王伟光搭班三年有余的九连连长邹俊荣，现已是八十岁高龄的老人，对当年的情景他至今还历历在目："在北大荒的日子里，王伟光对学习的挚爱是别人难以想象的。白天劳累了一天，晚上的碰头会无论结束得多晚，他都要坚持留在办公室学习至少一小时，昏暗的煤油灯便是他刻苦攻读的唯一照明工具。每到夏天时，热得实在熬不住，他便双手捧着书，光着膀子，将双脚浸泡在一盆凉水里。为了透气，只好打开窗，没想到却招来满屋又大又毒的蚊子，身上被叮咬得红一片白一片。有时我实在看不过眼，便在一旁悄悄关上窗，满屋扑打蚊子。我们俩一个学习，一个灭蚊，忙碌到深夜，直到肚子咕咕抗议，我才带王伟光到我家里，煮些菜汤给他喝。"

1970年4月18日，一场大火迅速向王伟光曾战斗过的三连方向蔓延，沿线万顷森林危在旦夕。火场就是战场！面对熊熊烈火，王伟光和他的战友不由分说，扔下饭碗直奔火场，第一批冲向火海，用年轻的青春生命去扑灭荒火。大火被扑灭了，国家财产保住了，然而胡丽娟、李冬生等与他朝夕相处的二十六名意气风发的知青却献出了宝贵的生命。他们中最小的十九岁，最大的也不过二十岁出头。三十年的时间，足以让人淡忘过往的一切，然而那二十六位消殒在豆蔻年华里的战友却一直在王伟光心中存活。王伟光说，每当工作中遇到困难，想想那些将生命献给北大荒的战友，就没有什么困难不能克服。他十分留恋那段日子，在回忆录中深情写道："青春献给北大荒，无怨无悔。"与他曾并肩战斗过的北大荒人将他的这段话镌刻在乌苏里江边虎头码头的石头上，此处已成为北大荒老知青在此回忆往事的留影背景。

在艰苦的岁月里，北大荒人以他们的质朴善良给了王伟光关爱，也激励着王伟光以更加饱满的热情投身到屯垦戍边事业中去。北大荒十年的经历磨炼了意志，强健了体魄，提高了胆略，陶冶了情操，开阔了眼界，学会了本事，铸就了一生学业和事业的基础。他在日记里写道："劳动的艰苦、工作的紧张、事情的繁杂、时间的冗长、睡眠的不足、工作的压力和情况的复杂，是冶炼好'钢'的必要条件。"

1977年全国恢复高考，王伟光兴奋不已。但是从报名到考试，只有很短的复习时间，初中毕业的王伟光没有轻言放弃，在有限的时间里自学了全部高中课程。那些日子，他每天只有两小时的休息时间。对此，邹连长由衷感慨："像王伟光这般拥有顽强学习精神的知青，在北大荒难得一见。"由于勤奋好学，王伟光受到瞩目。正当牡丹江农管局决定将他从九连调至局里委以重任时，王伟光以优异成绩考入北大哲学系，金岳霖、冯友兰、张岱年、黄楠森等哲学大家成为王伟光的业师。在北京大学这样一个知识的海洋里，与土地打了十年交道的王伟光，像饥饿的孩子拼命吮吸母亲的乳汁一样，贪婪地吸收各方面的知识。在北大，他几乎每周精读一本好书，每天浏览一本新书。四年下来，他系统地阅读了马克思主义经典著作和中外文史哲著作，广泛涉猎了诸多领域的新知识。四年的学术熏陶，不仅为他打下了扎实的理论基础，更使他对哲学有了深入的理解。他清醒地认识到，中国社会主义现代化建设实践需要中国化的马克思主义哲学的指导。

如何在回答现实问题中升华哲学？带着沉甸甸的现实课题，王伟光毕业后选择了中央党校。他坦诚地说，经过北大学习，在中国传统哲学和西方哲学两方面自己提高不少，但自感马克思主义哲学功底还相对薄弱。而要提高马克思主义哲学修养，党校则是最好的选择。明智的选择就是成功的一半。对马克思主义哲学情有独钟的王伟光，来到中央党校这个精神家园，如鱼得

1994年参加校园植树活动

水。他勤奋学习、刻苦钻研，他是中央党校历史上第一批硕士，亦是第一个通过论文答辩的博士。他以《马克思论人的本质和他的科学世界观的形成》的优秀论文一举获得了哲学硕士学位。随后又经过三年的潜心攻读，顺利地通过了题为《论社会主义社会的矛盾——立足于经济分析》的博士学位论文答辩。参加答辩会的学者认为，该博士论文对现实性很强、难度很大的课题

先后六次到河北省大名县扶贫

"作了有意义的探索和贡献，是一篇有相当重要的理论意义和实践价值的博士论文"。

作为党培养的首批博士，王伟光在博士论文中所探讨的"社会主义社会矛盾和发展动力问题"，为他以后的学术生涯打下了坚实的基础，为他在日

后探讨中国特色社会主义改革和发展过程中重大现实问题奠定了基础。他为自己设计的研究方向是：以马克思主义哲学为指导，以现实生活为根基，以研究利益问题为基本点，以中国特色社会主义实践为对象，以改革开放为主题，以正确认识和解决人民内部矛盾和诸多社会矛盾为课题，以寻求最大限度地发挥社会主义应有的发展动力为目的，探索出一条集教学、研究和解决

先后六次到河北省大名县扶贫

现实问题于一体的，从现实中来、到现实中去的哲学探求之路。王伟光在博士毕业短短几年时间里，以自己出色的教学和科研成果，在1991年荣获国务院颁发的"国家有突出贡献的博士学位获得者"的荣誉称号。

担任领导职务后，事务繁杂，需要处理的工作很多，清静的时间很少，

但王伟光并未因此影响对学问的探求，他充分利用一切业余时间，甚至在车上或飞机上也要看书或写作。据党校研究室主任梁言顺博士回忆，有一次他乘飞机出差，由于随身没带稿纸，便在清洁袋上撰写文稿，共写了六个清洁袋——正反面都写满了。他的许多论文、著述和讲稿都是在飞机、火车上写就的。在校领导岗位上操劳了近十年，同时出版理论著作、发表学术论文、撰写讲稿以及各类文章的总字数以百万字计。

从研究到创新

在中央党校这片马克思主义理论沃土上一步步成长起来的王伟光，对胡锦涛总书记提出的重视学习的指示精神不仅深刻领会，而且身体力行，时刻不忘理论学习与创新研究。

近一个半世纪以来，在中国现代哲学的发展方向问题上存在三大思潮：一是狭隘国粹主义的国学复归论，二是民族虚无主义的全盘西化论，三是马克思主义哲学中国化的创新论。毛泽东同志是马克思主义哲学中国化的开篇者，他创立了毛泽东哲学思想。邓小平同志继承和发展了毛泽东哲学思想，邓小平哲学思想也是马克思主义哲学中国化的创新成果。马克思主义哲学中国化的创新论，就是主张把马克思主义哲学与中国实际相结合，充分吸纳中外哲学思想的精华，抓住当代中国社会的实践主题，回答和解决重大理论和现实问题，使其发挥改变现存世界的指导作用，升华为中国化的马克思主义哲学。为实现马克思主义哲学中国化的理论创新，毛泽东带领中国的哲学前辈们进行了艰辛的求索，找到了理论联系实际的正确方向。今天的任务，就是要坚持马克思主义哲学的科学世界观和方法论，在充分吸收综合中外哲学思想精华的同时，结合新的实践并在新的实践中，勇于创造马克思主义哲学中国化的创新成果。

在如何实现马克思主义哲学中国化的创新探索中，王伟光深感焦点和难点均在如何抓住重大现实问题，找准马克思主义哲学与中国社会重大现实问题的结合点，将马克思主义哲学的基本原理、时代精神和新的社会实践这三者有机结合起来。王伟光说："设想一个问题并不难，但做起来却非常之难。把设想变成理论，不但需要勇气和智慧，更需要不怕失败的胸怀和气度。在创新的征途上是没有退路的，理论只有在回答现实问题的过程中才能获得新的生命力。"

王伟光哲学研究和创新的主要途径是"抓两头"：一头是历史源头，到中华民族哲学和国外哲学中探求哲学理念。另一头是现实潮头，结合时代精神，针对改革开放的现实实践，站在马克思主义哲学的立场上，加以分析和回答，企求哲学的概括与升华。面对国家千头万绪的改革发展实践，在近三十年研究的基础上，王伟光将他的目光集中于"如何正确认识社会主义社会矛盾和发展动力，如何正确认识和处理新时期人民内部矛盾及诸多社会矛盾，如何科学认识和处理社会主义初级阶段的利益矛盾和利益关系"这一系列重大问题上。长期以来，他在这几个领域都有所创新、有所突破，并提出许多对策性建议，集中反映在他的《经济利益·政治秩序·社会稳定》、《效率·公平·和谐》和《利益论》这三本力作上。

1987年撰写的《经济利益·政治秩序·社会稳定》是运用马克思主义哲学的世界观和方法论，在总结国际共产主义和社会主义各国成败的经验教训的基础上，回答社会主义矛盾和发展动力问题的一部哲学论著。他认为，对社会主义社会矛盾和发展动力的哲学认识，是解答"什么是社会主义，怎样建设社会主义"这一首要的基本问题，是构筑中国特色社会主义理论体系的哲学根据。几十年来社会主义各国取得了伟大的成就，但同时也在其发展过程中暴露出一系列矛盾和问题，并没有达到科学社会主义创始人所预期的目标，社会主义在发展中处于低潮。如何认识和处理社会主义社会矛盾，如何认识和发挥社会主义的发展动力，如何对阻碍社会主义发展动力发挥的僵化的体制加以改革，使社会主义优越性充分发挥出来，是当代社会主义面临的重大的理论和现实课题。此书很好地回答了这个重大课题。

先后六次到河北省大名县扶贫

在2006年出版的《效率·公平·和谐——兼论人民内部矛盾和构建社会主义和谐社会》理论专著中，王伟光通过对国内外形势和一系列翔实资料的分析，阐述了正确处理人民内部矛盾，构建社会主义和谐社会这一重大题目。他认为，有矛盾才要求和谐，要和谐就必须解决好矛盾。构建社会主义和谐社会，必须正确认识和处理人民内部矛盾，而正确认识和处理人民内部矛盾，关键是正确认识和处理人民内部的利益矛盾，协调好各方利益关系。他从社会大环境和客观条件的变化入手，分析研究当前社会各阶级、阶层和利益群体的新情况，详尽分析了人民内部矛盾新的表现形式和新的特点，提出解决人民内部矛盾和构建社会主义和谐社会应该把握的原则和方法。他认为，正确处理人民内部矛盾和诸多社会问题，是构建社会主义和谐社会的必然要求。他对人民内部矛盾理论和社会主义和谐社会理论的阐发得到了学术界、理论界的广泛认可和重视。矛盾来源于利益差距，动力来源于利益竞争，利益问题是社会的基本现象，也是哲学所要回答的基本范畴。利益是历史唯物主义的基本范畴，利益分析是认识社会、分析社会的基本眼光，利益协调是化解利益矛盾的基本方法。《利益论》是他研究哲学和现实问题几十年的集大成之作，是他深入探讨社会主义社会矛盾和发展动力、人民内部矛盾和诸多社会矛盾的逻辑起点。他以马克思主义利益理论为基础，构建了自己独具特色的利益理论体系。《光明日报》发表了长篇书评 "这样全面探索利益问题，具有一定的理论价值"，科学回答了中国社会利益问题，提供了 "透视社会现象的重要方法"，特别是 "对改革实践具有现实的可应用性"。此书的出版，堪称人文社会科学研究的一项重大成果。

悠悠寸草心，报得三春晖。王伟光强调，作为党培养多年的干部，作为党校一名学者，阐发并践履党的创新理论，运用理论回答重大现实问题，是他义不容辞的责任。基于马克思 "哲学家们只是用不同的方式解释世界，问题在于改变世界" 的指导思想， "学以致用，研以致用" 始终是王伟光哲学研究的重要价值取向。更好地运用马克思主义的基本立场和方法分析问题、解决问题，为现实服务——乃是王伟光数十年从事理论研究的目标。多年来，为有助于广大干部群众正确理解党和国家的方针政策，王伟光紧紧围绕党的中心任务和工作大局，著书立说，笔耕不辍。迄今，无论是王伟光已出版的三十余部学术专著和三部译著，发表的三百余篇论文，还是主编的八卷本《社会主义通史》及《改革的理论与实践》丛书等，及正在主编的六卷本《中国共产党思想史》，这些学术成果无一不体现出他治学的鲜明特色，即注重理论联系实际，处处反映民意，时时关注民生。

《科学发展观的研究与实践》是王伟光深入阐述以胡锦涛为总书记的党中央提出的以人为本，全面、协调、可持续的科学发展观的一部力作。书中对科学发展观做出理论解读，认为科学发展观正确反映并科学概括我国经济社会发展的客观规律，是正确指导发展的马克思主义世界观和方法论的集中体现，是指导我国经济社会又好又快发展的根本指针，是解决当前我国社会发展诸多矛盾和问题必须遵循的基本原则，是我国社会主义现代化建设指导思想的重大创新，是马克思主义中国化的最新成果之一。从马克思主义哲学世界观和方法论的高度，对科学发展观的实践基础、理论来源、科学内涵、精神实质作了较为全面的论述，对中国特色社会主义"为什么发展，发展什么，怎样发展，为谁发展，靠谁发展"和"五个统筹"的战略要求，对如何实现又好又快发展，作了哲学理论层面的阐述。

《社会主义和谐社会的理论与实践》是王伟光阐述社会主义和谐社会理论的又一部专著。该书从理论层面论述了社会主义和谐社会理论的科学内涵，以及构建社会主义和谐社会所要解决的现实问题，不仅具有鲜明的理论性和时代感，而且具有较强的原创性和历史纵深感。他认为，社会主义和谐社会理论首先深化了关于社会主义本质及其主要特征的认识，拓宽了对中国特色社会主义的认识视野；深化了关于社会主义建设理论和指导思想的认识，拓宽了对社会主义发展规律的认识视野；深化了关于执政党执政任务的认识，拓宽了对共产党执政规律的认识视野，是马克思主义中国化的又一最新成果。当前构建和谐社会，要在坚持发展经济、效率优先的前提下，突出地提出和解决好国计民生和社会公平公正问题。

为了加强社会主义新农村建设的理论与实践研究，王伟光还主持编写了《社会主义新农村建设的理论与实践》学术著作。他认为，建设社会主义新农村，是中国特色社会主义现代化建设的必然要求。建设社会主义新农村，必须逐步实现我国农业的现代化，生产的社会化，农村经济的市场化、工业化和企业化，以及农村的城镇化。实现农业现代化，关键是教育农民、提高农民素质，教育农民成为社会主义一代新人。

作为马克思主义哲学和马克思主义基本理论的研究专家和马克思主义

一级学科、哲学一级学科学术带头人，王伟光不但著述甚丰，还在课堂上传道、授业、解惑。他始终紧扣现实的治学风格以及他在课堂上对现实问题的剖析功力，在党校系统和社会上有着良好的口碑。在党校执教二十余年来，他始终把教书育人视为重要职责。听过他讲课的干部数以万计，他指导过的在职研究生上百名，其中有许多省部级干部和部队将军，指导毕业的学位研究生以及博士后几十名。特别是近几年，在每年举办的省部级主要领导干部专题研讨班上，他不仅担任领导小组成员兼办公室主任，负责日常办班任务，还承担讲课重任。最近三年来，在中央举办的省部级主要领导干部学习"三个代表"重要思想、"树立和落实科学发展观"、"提高构建社会主义和谐社会能力"等专题研讨班上，他都承担了讲课任务。每次从接受任务到亲自动手收集资料，分析问题，形成思路，撰写讲义，最后到讲课，他都是全身心投入。因他担负繁重的日常行政事务，所以基本上都是夜里备课。每次接受任务备课写讲稿，他几乎都要忙到春节，家家户户在电视机前收看春节节目时，他还在备课写讲稿。就拿承担"科学发展观"一课来说，领受任务后，第一稿写了十二万字，最后定稿一万两千字，先后改出二十几稿。农历年三十深夜两点，他突然想到讲稿中的一段阐述需要修改，便不由分说从床上爬起来，冒着大雪走到办公室，待讲稿修改完毕，已是第二天清晨，当新春的阳光照进窗棂时，他已趴在办公桌上进入梦乡。

王伟光对自己讲课的要求极高，给自己规定了"吃得透、说得清、讲得活"的标准。对基本理论和现实情况首先要吃透，问题抓准；要把道理说清楚，案例讲明白；要讲究授课艺术，将高深的理论通俗化，做到生动活泼，充分调动听众的注意力，真正做到入耳、入脑、入心；要使大家听后有所收获，能够运用所学道理解决实际问题。为了力争良好的讲课效果，在讲课之前，他都反复修改、反复推敲讲稿，以达到既环环相扣、论证严谨，又脱稿讲课、挥洒自如的程度，工作强度非常大。"科学发展观"一课讲完后，他因太疲劳，没有吃晚饭就回房间睡觉了。因有急事，工作人员到处找他，把

指导博士论文答辩

他房间的电话都打爆了，也没任何动静。有人建议打开房间，看看他是否在里面。打开房间一看，见他竟趴在床上呼呼大睡，累得连衣服都没有脱。由于他关于"三个代表"重要思想、"科学发展观"、"构建和谐社会"等课讲得出色，很多省区市、各部委以及军队各大单位纷纷邀请他前去讲学。在广东讲"科学发展观"时，多达万名干部通过闭路电视收听。除了被社会各界广泛邀请讲学外，中央各媒体也就社会难点、焦点、热点问题多次邀请王伟光进行分析讲解。2006年5月，中央军委举办的全军高级干部学习班邀请王伟光作了题为"科学发展观是指导发展的马克思主义世界观和方法论的集中体现"的授课辅导，随后总参、总政、总后、总装、空军、海军、国防大学以及一些大军区等军队单位纷纷请他讲课，反响强烈。大家反映，他讲课作报告，既深刻又生动。

究竟是什么动力支撑王伟光如此痴迷于紧密联系实际的治学思想，数十年持之以恒并终有所成？我们可以从专家的评论中，体会到王伟光奉献于理论创新的执著精神。他的恩师、长期从事马克思主义哲学研究的北京大学黄楠森教授说：“王伟光有很强的事业心及对党坚定的信念；他曾在北大和党校受过不同形式的学术训练，理论基础扎实；治学思想具有鲜明的现实性。”

中国马克思主义哲学史学会会长庄福龄教授也以极大热忱关注着王伟光对社会现实问题做出的哲学概括：“王伟光是我所敬佩的学者。他的书中蕴涵着一种学术激情，一种对国家、对民族、对时代、对人民的深切感情。”

教育部副部长袁贵仁教授曾高度赞赏王伟光的学风：“在改革开放新时期成长起来的这一代学术新人中，王伟光同志治学是特别勤奋的。”

清华大学人文学院刘鄂培教授认为，王伟光在哲学创新上有两方面特征：一是王伟光学术思想体现出中国知识分子的忧患意识和鲜明的历史责任感。他在研究“社会主义矛盾和发展动力以及人民内部矛盾”理论上所走的道路是正确的，既符合中国国情，又符合世界潮流。因此，其研究成果具有很高的理论价值；二是王伟光不仅注意从哲学层面，而且注意从多角度、多方面揭示中国现实社会的本质，从哲学出发回答中国特色社会主义建设的一系列实际问题。其理论特别注重调查研究，关注社会现实、关注民心。这就突出了马克思主义哲学的鲜明的实践性。

从治学到管理

作为学者的王伟光，得到了学术界和理论界的认同；作为领导干部的王伟光，同样得到了上上下下的认同。他担任过中央党校哲学部副主任，教务部常务副主任、主任。1994年成为全校最年轻的校委委员，参加校委班子近十四年，任中央党校副校长已经近十年了。在担任教研部和教务部负责人期间，除在第一线从事教学研究以外，他投入很大的精力从事教学行政管理，现在教学管理主要制度的基本框架，还是他主持教务部工作时奠定的。1996年，中央领导同志要求选一位懂教学会管理的干部，负责行政后勤工作，王伟光转岗从事行政后勤管理，从此成为"双肩挑"的领导干部。先担任副秘书长，一年后又担任副校长。在担任副校长期间，在校委和常务副校长的领导下，王伟光身体力行，遵照胡锦涛总书记指示精神，坚持党校姓"党"的根本原则，为使党校充分发挥"三个阵地，一个熔炉"的作用，努力奉献自己一份力量。为了办好党校，他自觉地探索党校的办学规律。笔者撰写本文时，恰逢中央文献出版社出版了王伟光的《党校工作规律研究》一书。该书六十六万字，内容涵盖了从综合性工作，到教学组织、行政管理、后勤保障、校园建设、报刊出版、信息化建设、图书资料等多个方面的党校工作。这本文集是他分管党校几个方面工作的讲话文章集。这些讲话文章都是他自己思考、自己动笔写的，而且大部分讲话是亲身实践、深思熟虑后的即席讲话，是根据录音整理的。反映他对党校工作规律的探索与研究，体现出他的历史责任感。

这本文集既是他对党校工作规律的认识和探索，又是他从事党校工作的一个缩影。担任副校长以来，他主管行政后勤工作，分管办公厅、哲学部、财行局、后勤服务部、信息部、图书馆、出版社，还分管地方党校业务指导、信息化建设、马克思主义理论一级学科建设、外事工作、机构编制等，协助常务副校长负责党校日常运转和重大教学科研活动。他主管的工作和分管的部门，大部分关乎党校的日常运转和保障，桩桩件件都不是小事。做好这些事，又都得从细节入手。这些年来，他事情做得圆满，细微处也见功夫。

说到干事，党校员工一致评价："王副校长是干事的校领导。"在校委和常务副校长的领导下，王伟光一是努力抓了行政管理，推进行政管理的规范化、制度化和科学化，保障学校正常有序运转。办公厅主任罗宗毅介绍说："王副校长要求我们，要先立规矩后办事。在他领导和推动下，办公厅编辑了《中央党校行政管理制度汇编》一书，使各项工作有章可循，有制可依。"近年来，中央党校每年都要举办或承办高规格的会议和班次。其间，不管是中央领导还是学员，对中央党校的行政管理水平都交口称赞。中办主管会议的同志评价："在中央党校办会，我们一是放心，二是省心。"一个直辖市的主要领导要求当地要学习中央党校的办会模式和程序。还有很多兄弟单位来中央党校学习行政管理方面的做法和经验。在"非典"期间，中央党校的管理水平经受住了考验，既保证了学员的安全，也给学员提供了优质的服务、宽松的环境，使他们心情舒畅地度过这段难忘的时光。

自1997年开始，根据校委决定，他以"管理科学化、服务社会化、保障现代化"为目标，大刀阔斧地推进后勤社会化改革。他具体主持对后勤机构进行了全面改革。过去，全校后勤分四个局级单位：行管局、财务部、基建办、产业办，管理、经营和服务职能不清、机构重叠。通过改革，成立专司管理的财行局和专司服务的后勤部。过去党校的后勤保障和服务是"党校办社会、学校全包、行政命令式管理"的计划经济条件下办党校后勤的旧模式。通过社会化改革，把计划经济条件下党校后勤服务模式转变成适应市场经济需要，适应新形势要求，具有党校特色的新型后勤服务模式。九年来，通过后勤社会化改革，过去那种职能不清、机构重叠、经费短缺、校办产业亏损、基础设施老化、职工住房紧张、学员学习生活条件较差、信息化建设零起步、服务水平较低等状况得以整体改善，管理和服务水平得到极大提高。比如会议提供的纸张、铅笔的数量及摆放位置，端茶倒水的动作、姿态，迎来送往的仪表、语言，都有严格的要求。在财务、基建、校园综合管理等方面的制度化建设取得了显著进步，形成了后勤管理和服务的新体系。

为了推进后勤社会化改革，王伟光抓住解放思想、更新观念这个关键，连续六年六次亲自带队赴外地考察，学习他人的后勤社会化改革经验。每次考察回来后，他都督促马上召开会议，找差距、定措施、抓落实。王伟光经常强调，党校后勤工作的宗旨就是服务，管理也是服务。他提出"为教学科研服务、为教职员工服务、为党校事业服务"的"三服务"宗旨，严格要求后勤工作人员树立"服务第一"的意识。他认为，提供优质服务，关键是抓好管理，他提出了"规范化、制度化、科学化"的管理要求和"标准化、规范化、制度化"的服务理念。很多学员在学习结束时都表示:"我们在党校不仅学习了党的大政方针,也从高质量的服务中学到了一丝不苟的精神。"

中央党校主校园区是1955年始筹建,1962年建成的。进入二十世纪九十年代,原有的设备设施严重老化失修,已很难满足大规模培训干部的需要。为落实中央扩大办学规模、加大培训力度的要求,建设一流的党校校园,打造一流的学习生活环境,提供一流的学习生活条件,成为新形势下加强校园建设的重要任务。在中央领导亲切指导下,在中央有关部门的大力支持下,在历届校委和常务副校长的指导下,王伟光具体主持谋划和组织了校园基本建设。与从事校园建设的干部职工一同努力拼搏,主要干了四件事:精心制订校园建设规划,建设功能齐全的教学办公区,建设相对独立的职工住宅生活区,以及改造南校园建立研究生教育基地。几易寒暑,王伟光与他的同事们踏遍了校园的每一个角落,通过现场勘查、反复斟酌,彻底解决了教职员工的住房问题,改善了学员的学习生活条件,使校园面貌焕然一新,充分体现出党校校园文化的鲜明特点。踏进党校,给人印象最深的是校园内那一座座庄严挺立、肃穆典雅、大方实用的建筑,绿树成荫、流水环绕的校园园林,以及随处可见的文化景观、励志名训……尤其是近年落成的综合大楼,因其规划合理、设施齐全、现代化教学设施完善,被评为国家优秀工程。校园建筑面积已从二十多万平方米增加到近七十万平方米,固定资产从十六个亿增加到了八十个亿。很多干部职工说:"跟着王副校长想干事,能干事,干成事,虽然又累又苦,九年来没有一个节假日,但很有成就感。"

党校传统的办学模式是老师讲课、学员看书,有报告厅、有宿舍就可以了。但在信息时代,如何实现党校办学条件的信息化是一件大事。根据校委决定,王伟光和信息管理部以及有关部门的同志们一起,从无抓起、从零起步,开创了党校信息化的辉煌。目前已初步实现了"3+1"信息化工程,即远程教学工程、校园网工程、数字图书馆工程和农村党员干部现代远程教育信息库工程。中央党校建立了远程教学中心,建成了遍布全国县以上党校的远程教学网，县级党校也可以同步收看中央党校老师的讲课；建成了遍布全校的互联网，电视基本实现数字化，学员在房间、教员在家都可以上网；党校图书馆基本实现数字化、计算机化和信息化，建立了全国党校系统共享的中心资源库，学员、工作人员可以直接在网上图书馆查阅文献资料；建立了农村党员干部现代远程教育中心资源库和辅助网站。信息化建设是党校发展的一个亮点，这已得到全国党校系统的公认。党校信息管理部主任郭英楼介绍说："在王副校长的亲自主持下，党校远程教学网络建设发展迅猛。目前，党校在全国建站总数已高达两千八百多个，初步形成了一条信息传递畅通、系统运行稳定、布局搭配合理、功能实用高效的党校系统信息高速公路。"

王伟光刚接手时，学校经费紧张，捉襟见肘，当年经费缺口两个亿以上。当时，党校财务体制是分散管理，许多部门在银行都有自己的账户，财力不集中，管理不规范，造成许多漏洞。一方面经费不足，另一方面资金浪费严重。他按照校委的决议，同财务部的同志们一起努力，推行集中统一核算、撤销二级财务的管理体制改革；成立成本核算工作小组，加大成本核算力度，每年节约经费两千四百万元；实行严格预决算管理、审计管理和固定资本管理。他连续九年狠抓"成本核算"，在全校树立节俭意识，一个单位一个单位抓，一笔账一笔账地算，从点滴算起，从细节抓起。譬如，实行单车核算后，交通服务中心司机过去是用水龙头哗哗地冲车，现在司机们则精打细算地用水桶一桶桶地打水洗车。"预算管理"针对的重点是基建，过去基建工程总是先预算小盘，完工要钱时一下子变成了大盘。改革后，所有基建工程都严格按照合同预算执行，所有基建项目决算都要通过财务严格审核。目前，党校已建立了一套规范的日常审计制度、预决算制度、成本核算制度、设备集中采购制度、固定资产管理制度，完善了财务管理制度体系，从而使资金支出透明化，财务管理规范化，经费保障进入了良性循环。党校财务主任朱鸣说："王副校长理财是为全校办事，作为职能部门理应鼎力支持。支持他的工作，也就是支持学校的工作。"

美国前国防部长拉姆斯菲尔德参观完党校称赞道："真没想到，中国竟有如此大气美丽的校园。"澳大利亚总理霍华德也感慨万端："从党校校园和综合大楼，切身感到了大国大党大校的大气。"

"天下大事，必作于细。"王伟光在抓事干事时，非常注重细节管理。他常举两个例子教育大家：一个是2002年2月21日，时任中央党校校长的胡锦涛同志在视察中央党校远程教学网络中心时，对党校信息管理部的负责同志说："提醒大家注意台阶，小心摔倒。"一个是2005年年初，曾庆红同志在校委会议上专门强调"细节决定成败"。王伟光几乎每天一早，都要在校园里走一圈，一方面便于接近群众，一方面便于了解情况，一旦发现问题，马上以"任务派遣单"的形式下达任务给有关单位，限时解决。他担任副校长以来，发出的任务派遣单数以千计。以至于有些直属单位负责人讲："王副校长每天管那么多大事，还总能及时发现我们自己都没有觉察的纰漏，真是明察秋毫。工作上，我们一刻也不敢懈怠，一点也不敢疏忽啊。"

哲学智慧和高洁人品

在王伟光看来，哲学不仅是人生观，是智慧，是思维方式，也是工作方法。担任校领导职务十多年来，他将深厚的学养用于管理实践，形成了"坚持以人为本，以哲学智慧推动管理，用高洁人品带动工作"的工作理念和风格。哲学已融入王伟光的生命。哲学智慧已渗透到他工作的各个方面，"以人为本"已成为他的工作准则，严于律己、宽以待人已成为他的为"官"原则。无论做学问，还是搞管理，他都尽可能地贯彻马克思主义的群众观点和党的群众路线。

后勤部主任车继先中肯地评价了王副校长高超的领导艺术，他说："打个比方，王副校长这样的领导就像头马，像空气，像木匠。说他像头马，是因为头马对马群有责任感，有预见能力，能辨别正确的大方向，能够把马群

记忆中的我

163

引到有水有草有阳光的地方去，这样马儿才吃饱喝好跑得快；说他像空气，是因为王副校长放手让大家发挥干工作，从来不干涉，不介入，正如平时你感觉不到空气的存在，然而遇到困难的时候，他总是能及时地给你提供帮助和支持，正如人一时半刻也离不开空气一样，真正达到了老子所说的'不自见故明，不自是故彰，不自伐故有功，不自矜故长'的境界；说他像木匠，是因为木匠至少有三个品质受人敬仰——一是木匠总有自己的构想，二是木匠总能创造性地实现自己的构想，三是木匠眼里没废料，能够物尽其用。王副校长不但经常提出好的设想和构思，能够把这些好的想法落到实处，还能够知人善任，委派合适的人选来完成这些工作。学校的工作，王副校长总是想在前面，改革的每一步都是他拽着、推着往前走。一个人一辈子碰上一个好领导不容易。领导给了你信任、给了你经费、给了你政策、给了你所有做事的条件，你不把工作干出彩，对不起领导，也对不起自己。"

原对外培训中心主任丁东红教授深有体会地说："在与王校长的工作合作中，不知不觉他便成了你的主心骨。实际工作中他非常富于创新思想。无论工作上有多大困难，凡经他点拨后，都会峰回路转，呈现出新面貌。"

在管理上，王伟光思路非常清晰。他常讲："当领导，就要看大局，抓关键，立制度"，"要用制度管人，用制度管事，用制度管财"。对于如何开展好每一项工作，他认为"第一要抓谋划，第二要抓管理，第三要抓落实。没有好的谋划，就没有好的落实。同样，没有好的管理，也没有好的落实"。

多年来，在分管工作范围内，王伟光大力推进办公厅"和谐厅机关"建设，以此为典型带动他主管的各个部门开展和谐建设。在他看来，"宽严相济"是手段，"以人为本"是核心，群众路线是关键。群众说，"王副校长主管行政后勤这么多年，管的是难事，抓的是杂事，办的是得罪人的事，遇到的是矛盾，但几乎没有看到他批评过人，红过脸，发过脾气。"他"宽"的是群众，"严"的是自己、是领导。哲学部总支书记侯才教授不无感慨地说："王副校长身上有着鲜明的党校风格。对自己严格要求，精益求精；对干部有错必纠，不留情面；而对职工则设身处地，无微不至。"党校的任何一个职工和家属都可以随时打电话或路上截住他反映问题，提出要求。他要求秘书接待职工来访来信来电，一定要耐心和蔼，能办的事一定办，不能办的事说清楚，件件有回音，事事有答复。王伟光对待群众生活的小事关心备至。在采访期间听说学校正在给全校女同志用先进仪器免费检查乳腺癌，一打听，原来是王伟光有一次外出考察，发现了先进仪器，马上联系，请人家来支援党校。

王伟光从担任副校长以来，几乎没有休过节假日，更没有因病在家休息过一天。在"非典"期间，中央党校是一个敏感单位。在校委领导下，他受命于危难之际，在第一线具体主持抗击"非典"工作。在关键时刻，他发表电视讲话，稳定了全校人心。他深入学员、职工、家属中，耐心地做思想工作和疾病预防的各项工作。在最紧张的那段时间，他连续几十天吃住在办公室，每天都工作到深夜。到家属区检查"非典"，几过家门而不入。"五一"节那天，他工作到深夜两点后，同工作人员一起，去医院、病房、学员宿舍、家属区等处看望病人和医护人员。党校财务行政管理局局长赵晓光说："大家只看到现在的成绩，却不知这些成绩的背后凝聚着王校长多少心血。为了党校新区建设征地和筹措建设资金，从征地到筹资，从开工到竣工，王副校长不知受了多少罪、吃了多少苦。"

还有很多事情，王伟光都是做了不说，或者多做少说。笔者翻阅了他当人大代表的述职报告，发现他当人大代表期间为党校职工和党校附近居民办了好几件事。一是联合许多人大代表，多次提出治理小清河的提案，恳请北京市领导亲临现场解决问题。昔日臭气熏天的"龙须沟"，现如今成为名副其实的小清河。第二个是党校大有北里通公共汽车提案。他反复多次提案，并督促解决了居民出行坐车难的问题。第三个提案是治理党校周边的治安环境、交通环境和卫生环境。在他的提案督促下，党校周边环境发生很大变化。第四个提案是治理五环路噪音问题。他觉得，不要把自己定位为副校长，而要把自己定位为党校全体员工的勤务员，才能做好工作。然而，桃李不言，下自成蹊。实实在在的业绩和密切联系群众，一切为工作着想的工作作风，为王伟光赢得了声誉、赢得了喝彩。推选党代表、人大代表，他得票很高；民意调查，对他反映也很好。

王伟光平时律己甚严，他说："正因为管这么多钱，这么大的基建规模，更要注意约束自己。"多年来，他没有因私请过一次客，没有在财务上报过在校外的请客餐费。即使在校内公事请客，他也是严格遵守接待规定。有两件小事，很能反映他的为人。有一天晚上，他下班很晚，家中无人，便在学校小饭馆要了一盘饺子，餐厅负责人一看王副校长来吃饭，主动上了一盘猪肝和一瓶啤酒。他吃完后，留下了五十元钱，就再也不到党校小餐厅就餐了。还有一次理发，理发员发现是王副校长，说什么也不要钱。他又放下十五元钱。从此，他一直在校外理发。同志们问他什么原因，他说我干脆不去了，省得为点钱推来推去，让人家说闲话。他的车已跑了三十多万公里，用了八九年，一直坚持用到不能再用。

王伟光不仅是一位专家学者型的领导，而且是一位管理型的专家学者。两者所特有的素养和风格在他的身上得到完美的结合。然而王伟光却谦虚地说，如果说还有一点业绩的话，那应归功于党中央和中央领导的英明指导，归功于校委和常务副校长的直接领导。他再三强调，智慧出于实践，功劳属于集体，成绩归于群众。

告别王伟光，笔者听说他主编的八卷本的《社会主义通史》、《科学发展观基本问题》、《社会主义和谐社会理论基本问题》及《王伟光自选集》已交付出版。他正在主编六卷本的《中国共产党思想史》和修改多年积累下来的《党校校园讲演录》。笔者由衷钦佩他的过人精力和对学术的执著精神。王伟光不仅有理论性很强的著述，而且还写了一些散文、札记。用心体会他近期完成的散文《求学北大》和《到大风大浪中去锻炼》，笔者深切感受到字里行间散发出的"智力之泉"与"浩然之气"。写作已成了他的一种信念、一种生活方式。他说，写作除了能够提高自己的表达能力，怡情养性，还能通过传播正确的思想推动社会进步。

　　储之心灵，方可口吐莲花。正是基于对祖国和人民、对党的事业的一片赤诚，方使王伟光的哲学思想、管理才华及朴实无华的散文随笔——三而合一地在不断的探索实践中得以拓展延伸……

六、王伟光：一位学者型的领导干部*

文/本刊记者　余玮

　　他是北京大学哲学系77级的学生，也是北大哲学系当年0001号学生；他是中央党校历史上的首批硕士、首批博士。

　　王伟光不仅是马克思主义哲学的求索者，也是一位典型的学者型领导干部，长期从事学术理论研究，又长期从事行政管理工作，成就斐然。自轮训培训党的高级领导干部的最高学府中央党校到中共中央国务院重要的思想库和智囊团中国社会科学院，尽管岗位变了，但是于王伟光而言不变的是对真理的追求，不变的是严谨求真、笃学慎思的学者风范和与时俱进、开拓创新的领导艺术，以及谦和睿智、与人为善的人格魅力。

做马克思主义的"秀才"

　　"是中央党校培养了我，我对中央党校的事业是有感情的，对中央党校的老师和同志们是有感情的，对中央党校的一草一木是有感情的。"2007年12月，中央正式决定中共中央党校副校长王伟光调任中国社会科学院党组副书记、常务副院长。在离开中央党校时，王伟光动情地如是说。

　　王伟光是自中央党校这块理论沃土上一步步成长起来的，他在这里学习、工作和生活二十余年。中央党校是成就他的地方，他在这里为党、为国、为人民做了卓有成效的工作。即将离开这块曾经朝夕相处的地方，他的内心自然十分复杂……

　　王伟光1950年出生于辽宁丹东，1967年11月参加工作。1981年，在北京大学哲学系四年的大学生涯很快就要过去了，同学们都为在社会上找一份工

---

　　* 该文原载于《中华儿女》2008年第9期。

作而努力。当时，北京大学哲学系辅导员找到王伟光说，学校领导想让你留校做学生工作，人事关系可以放在哲学系伦理学教研室。一时间，消息传开了，引起同学们的羡慕和赞叹不已。

恰在此时，招考研究生的消息传出来了。是留在北大工作，还是进一步攻读学位研究生？王伟光的脑海里出现甲乙两个小孩打架似的情景，甲小孩叫"北大工作"，乙小孩叫"报考研究生"。经过长时间的"打架"，最终乙小孩取胜。"文革"中被停止的招收研究生工作得到恢复，王伟光对学习和知识的渴望重被唤醒。他去教育局查看了招生目录，结合自己所学专业和功底，报考了中央党校马克思主义哲学原理专业硕士研究生，导师是著名哲学家和教育家、时任中央党校哲学教研室主任韩树英。

报考研究生，同样面临准备时间短的问题。这是恢复高考以来第一次大规模的招考研究生，准备时间只有暑假一个半月。更让王伟光着急的是，考试的内容不明了，特别是考几门、考什么都说不清楚，导师也毫不熟悉。既已决定，王伟光就豁出去了，贪婪地全面复习外语、政治、哲学、文学，拼命汲取着知识。"从清晨四点半一直准备到夜里十二点，体力、精力消耗很大。"

最终，王伟光脱颖而出。1981年底，接到中央党校的入学通知书时，王伟光十分激动。当时中央党校只有两个班次，一个是中青年领导干部培训班，再一个就是硕士研究生班。"我们是中央党校复校以后招收的第一批硕士研究生，我们这个班共二十八个人，其中有党员二十人，编成一个党支部，归三部（即理论部，后改为研究生部）管理。"报到后，班主任杨宗禹找王伟光谈话，说经学校和部里研究，让王伟光担任支部书记。

到党校后，大家求知欲望非常强烈，希望多开一些课程，多学一些知识，总感到吃不饱。为此，王伟光所在的支部商量了一下，由全体支部委员找一下校领导，反映一下同学们的要求。当时主持中央党校工作的冯文彬在家里热情地接待了王伟光等。王伟光向他汇报了入校以来的学习情况，同时提出了增加课程的要求。冯文彬听了以后说："学校领导十分关心你们这个班。校委决定举办这样的班次，目的就是要培养马克思主义的'秀才'、马克思主义的'笔杆子'。你们的主要任务是学习马克思主义理论，基本教材就是马克思主义原著，不一定要安排那么多课程。最重要的是自学原著，真正力争做到读懂精通马克思主义，学会运用马克思主义的立场、观点、方法说明并解决实际问题。"返回后，王伟光向同学们认真传达了这个精神，进一步修订了学习计划。

"回顾起来，三年的读书生活是十分紧张的，许多同学连续几个寒暑假不回去探亲，舍不得放弃节假日，抓紧时间拼命读书、调查研究。"王伟光

2006年校委领导班子合影

记得，毕业时胡耀邦同志代表党中央在中南海接见了他们并合影留念，勉励大家"到实际工作岗位上去锻炼，真正成为马克思主义的'秀才'"。

1984年底，王伟光以《马克思论人的本质和他的科学世界观的形成》的优秀论文一举获得哲学硕士学位。硕士研究生毕业后，王伟光留校哲学教研室历史唯物主义教研组任教。

次年2月，中央党校招收首届博士生，王伟光横下一条心，将"冷板凳"坐到底，着手报考。"决心已定，我就抓紧时间，进入分秒必争的战前准备。对我来说，基础课和专业课的考试，应该问题不大，难度最大的是英语，听、说、写都要会，至少要达到五级英语的水平，才能应付博士研究生

2007年校委领导班子合影

的外语入学考试。于是，作为已经步入中年的我，开始像年轻人一样背外语，连骑自行车送孩子上托儿所的时间，我也不放过，带着录音机练习听力。"

功夫不负有心人，王伟光等三人成为中央党校建校以来的第一届博士研究生，成为韩树英导师的开门博士弟子。在王伟光眼里，无论从事哲学研究还是教学工作，无论是做人还是做事，韩树英一直坚持实事求是的思想路线、独立思考的理论立场和彻底的唯物主义精神，对自己的影响很大。当时，理论部（现研究生院）把王伟光等三人编为第一届博士研究生党支部，由王伟光任党支部书记。

经过三年的潜心攻读，王伟光顺利通过了题为《论社会主义社会的矛盾——立足于经济分析》的博士学位论文答辩。参加答辩会的学者认为，该博士论文对现实性很强、难度很大的课题"作了有意义的探索和贡献，是一篇有相当重要的理论意义和实践价值的博士论文"。不久，被国务院授予"国家有突出贡献的博士学位获得者"。

扎下身子深入实践以丰富人生阅历

在中央党校，王伟光自二十世纪八十年代中期担任过哲学教研室历史唯物主义教研组组长，马克思主义哲学原理教研室主任等职。

1991年初，王伟光作为中央党校中青年代职锻炼干部被派到河北省秦皇岛市，先任该市市委常委，在海港区委兼职，分管党建、工青妇和农村工作；后任市委副书记，分管党建、农村、工青妇、对外开放等工作。王伟光说，在秦皇岛市代职锻炼的近两年，尽管时间并不长，但是自己领导才干增长最快的时期。他深有体会地说："这段时间里，我丰富了人生阅历，积累了工作经验，提高了领导才干。年轻干部，特别是从事党的理论工作、干部教育工作、机关工作的年轻干部一定要到基层去锻炼。缺这门课的，要尽早、尽快补上。年轻干部到基层锻炼，不能浮在上面，不能去镀金、混经历，必须扎下身子，实实在在地深入实践、联系群众、联系干部，和他们一起生活、一起工作。"

他的父亲也曾在秦皇岛地区下过乡，王伟光没有想到自己也同这块土地结缘。尽管自己初中毕业后便开始走上社会，首先接触的基层是"北大荒"兵团农垦，但是王伟光认识到自己从北大到党校，从学生到教师，离开基层已十多年，特别是改革开放以来社会基层的实际情况已发生很大的变化，有待于自己深入了解。当时，王伟光给自己下了一个不成文的规定：只在地方干事，不参与地方人事。后来，他把这条不成文的规定，又具体化为只进行调查研究，不具体接待或回答来访上访，遇到此类问题只负责反映不表态；广泛联系干部群众，不具体参与干部任免和人事调配；只完成分配的任务和交办的工作，不干不属于自己分管的事情。

王伟光一开始在海港区兼任领导职务，用了八个月时间，几乎跑遍了海港区大大小小的街道、村庄和企业，交了一大批乡村干部朋友。除此之外，对海港区委和区政府的各个机构也做了较为全面的调查，了解了一个区的党和政府的运作程序，全面管理一个城区的工作，同时又在党建、经济发展方面做了大量的实际工作。八个月后，又任市委副书记，一度分管经济工作和对外开放工作。在秦市工作期间，他提高了对市场经济的认识水平，积累了全面运作经济工作的经验。

正当王伟光甩开膀子，准备在秦市大干一场的时候，突然接到中央党校组织局的电话通知，告知组织上将对他进行考察，马上让他提前结束代职锻炼，返回学校。因在秦市工作期间，与同志们建立了深厚的感情，临走时秦市的同志一拨一拨送王伟光，使他感受到了基层干部的热情和真诚。不久，王伟光被任命为中央党校哲学部副主任，后又被任命为教务部常务副主任、主任等职。十四大之后，进入了校委班子，成为当时最年轻的校委委员，从此走上了党校教学管理的岗位。

理论沃土上成就学者型领导干部

在担任教研部和教务部负责人期间，除在第一线从事教学研究外，王伟光投入很大的精力从事教学行政管理，现在中央党校的教学管理主要制度的基本框架还是他当年主持教务部工作时制定的。

不久，王伟光出任中央党校副秘书长，1998年2月担任副校长。在副校长的任上，他身体力行，坚持党校姓"党"的根本原则，充分发挥"三个阵地、一个熔炉"的作用，自觉地探索党校的办学规律，努力推进党校马克思主义理论学科建设、教学和教材新体系的建设。他说，自己在中央党校所主管和分管的部门大部分关乎党校的日常运转和保障，桩桩件件都不是小事，做好这些事又都得从细节入手，马虎不得。

步入山水相依的中央党校校园，满眼楼台掩映，草木葱茏，随处可见励志名训等文化景观，建筑风格不乏肃穆典雅而实用，规划合理而设施完善。然而，中央党校的主校园区是上世纪五六十年代建设的，进入二十世纪九十年代后，原有的设备设施严重老化失修，已很难满足大规模培训干部的需要。为落实中央扩大办学规模、加大培训力度的要求，建设一流的党校校园，打造一流的学习生活环境，提供一流的学习生活条件，成为新形势下加强校园建设的重要任务。在中央领导同志和校委领导下，王伟光在具体主持谋划和组织校园基本建设的日子里，精心制订校园建设规划，建设功能齐全的教学办公区，建设相对独立的职工住宅生活区，并改造南校园建立研究生教育基地。十易寒暑，王伟光与他的同事们踏遍了校园的每一个角落，通过现场勘查、反复斟酌，彻底解决了教职员工的住房问题，改善了学员的学习生活条件，使校园面貌焕然一新。澳大利亚总理霍华德到中央党校时竖起拇指称赞道："从党校校园和综合大楼，切身感到了大国大党大校的大气！"

担任领导职务后，事务繁杂，需要处理的工作很多，清静的时间很少，但王伟光并未因此影响对学问的探求和理论的思索。他充分利用一切业余时间，甚至在车上或飞机上也要看书或写作。有一次，他乘飞机出差，突发灵感，可是随身没带稿纸，王伟光便在清洁袋上撰写文章，一连写了六个清洁袋。一下飞机，交给秘书，整理出来就是一篇高质量的学术文章。

他说，写作除了能够提高自己的表达能力，怡情养性，还能通过传播正确的思想推动社会。"思考、语言表达、写文章，是一个学习、思考、消化、吸收和升华的辩证联系的有机过程，写是重要环节，写文章是领导干部提升自己素质的有效方法。领导干部自己动手写文章，是加强学习，努力提高自身能力和水平的重要方式，也是一种领导方式和工作方法。读书是学习，自己动手写文章也是一种学习。"

行政事务再多，他始终也没有忘记自己作为一名马克思主义理论工作者的责任，主持了社会主义初级阶段的利益关系研究、中国特色社会主义发展道路研究、社会主义改革开放研究、中国特色社会主义理论研究、科学发展观和构建社会主义和谐社会研究等多项重大科研项目，并担任马克思主义理论和建设工程首席专家，主持马克思主义基本观点若干专题研究。

在如何实现马克思主义哲学中国化的创新探索中，王伟光深感焦点和难点均在如何抓住重大现实问题，找准马克思主义哲学与中国社会重大现实问题的结合点，将马克思主义哲学的基本原理、时代精神和新的社会实践这三者有机结合起来。王伟光说："设想一个问题并不难，但做起来却非常之难。把设想变成理论，不但需要勇气和智慧，更需要不怕失败的胸怀和气度。在创新的征途上是没有退路的，理论只有在回答现实问题的过程中才能获得新的生命力。"

王伟光哲学研究和创新的主要途径是"抓两头"：一头是历史源头，到马克思主义哲学宝库中，到中华民族哲学和国外哲学中探求哲学理念；另一头是现实源头，结合时代精神，针对改革开放的鲜活实践，站在马克思主义哲学的立场上加以分析和回答，企求哲学的概括与升华。

尽管身处高位，王伟光不忘耕耘，出版理论著作、发表学术论文、撰写讲稿等各类文稿总字数达数百万字以上。作为一位学者，王伟光把阐述并践履党的创新理论、运用理论回答重大现实问题当做义不容辞的责任。在《科学发展观的研究和实践》、《科学发展观基本问题》专著中，他从马克思哲学世界和方法论的高度对科学发展观的实践基础、理论来源、科学内涵、精神实质作了较为全面的论述，对中国特色社会主义"为什么发展，发展什么，怎样发展，为谁发展，靠谁发展"和"五个统筹"的战略要求，对如何实现又好又快发展作了哲学理论层面的阐述。

王伟光虽然大量时间从事行政管理工作，但他从来没有忘记自己是一名教师，他从1984年走上中央党校讲坛，二十多年来就没有停止过当教师讲课，他已指导了几十名硕士、博士和在职研究生，仅近年来听他讲过课的领导干部就数以万计。每年中央党校都要举办或承办一些高规格的会议和班次，他都承担讲课任务。在1997年起的几年里举办的省部主要领导干部专题研讨班上，王伟光不仅担任领导小组成员兼办公室主任，负责日常办班任务，还承担讲课重任。每次从接受任务到亲自动手收集资料，分析问题，形成思路，撰写讲义，最后到讲课，他都是全身心投入。因为担负繁重的日常行政事务，备课更多的是在晚上完成，有一次为写讲稿，他在除夕之夜打了个通宵战。

王伟光对自己讲课的要求极高，他要求自己对基本理论和现实情况首先要吃透，要把道理说清楚，案例讲明白，高深的理论要通俗化，真正做到入耳、入脑、入心，要使大家听后有所收获，能够运用所学道理解决实际问题。为了力争良好的讲课效果，每在讲课之前，他反复修改、推敲讲稿，以达到既环环相扣、论证严谨，又脱稿讲课挥洒自如的程度，工作强度非常大。中央党校的学员都说，能听王校长讲课是一种享受。他讲课的最大特点，就是能把玄秘深奥、枯燥乏味的哲学讲得通俗、生动、朴实，有如阅读一本常识书，总能吸引住各色各样的学员与听众。

王伟光不仅用辩证思维的方式阐述理论，还运用了大量的数据来分析事实，他直面现实、切中肯綮、深入浅出、旁征博引的教学风格激发了学员们对重大理论和现实的浓厚兴趣，以至社会各界纷纷邀请他讲学。然而，王伟光认为，最应该向他们传授的不是具体的知识，而是科学的思维方法、严格的治学态度、大胆的创新精神、正确的人生追求。近日，集王伟光二十余年讲课精华的《王伟光讲习录》即将问世。

寻求科研强院的切入点与突破口

到中国社会科学院履新后，在全国政协副主席、院长陈奎元的指导和关心下，在院党组成员的帮助下，王伟光为尽管适应新的岗位，尽快进入角色，开始马不停蹄的调研活动。通过个别面谈、小组讨论、实地走访等多种形式或渠道，他多方收集信息，了解情况，把握干部职工的所思、所想，关注社科发展的热点、难点和焦点，寻找开展工作的切入点和突破口。

围绕科研人员和工作人员最关心、最直接、最现实的问题，王伟光乐于同他们谈民情、议民生，帮助他们解决科研、工作、生活中遇到的困难。在调研中，他了解到全院有很多人属于无房户，还有相当数量人员属住房条件差，便把逐步解决职工住房问题作为硬任务，提出住房要靠几条腿走路来解决的思路，一是争取北京市"两限房"，二是争取国家机关事务管理局的经济适用房，三是争取燕郊较低价商品房等。让他高兴的是，在院党组和陈奎元同志领导下，目前这项工作正在积极推进，已开始解决无房户住房问题，同时低价商品房有望明年交付使用。职工住房条件已渐渐有了改善。为了改善科研、教学、办公条件，在陈奎元院长指导下，全院上下努力，正在积极推进科研学术交流大楼项目立项工作，六百亩的研究生院新校园已经开工。

作为中国社会科学院常务副院长，王伟光不是把自己定位为院领导，而是把自己当做社科院的勤务员，为了社科院的发展，积极工作，得到了陈奎元同志的肯定和同志们的赞同，但他永远都是谦虚地说，智慧出于实践，功劳属于集体，成绩归于群众。

在陈奎元同志领导下，刚刚上任的王伟光就负责主持起草院工作报告，他走访了社科院的所有单位，进行调查研究。在此基础上，院党组逐步形成了2008年和今后五年的工作思路。王伟光代表院党组作了2008年院工作报告，提出了社科院实现党中央"三个定位"要求的六项战略。

在社科院研究生院考察工作时，他得知，1997年，研究生院在团中央和中国社会科学院院党组的关心支持下，派遣了一个由三十九名博士生组成的"博士生服务团"到刚成立不久的重庆直辖市挂职，开创了我国"博士服务团"之先河。后来有十多位博士留了下来，目前已经成长为其所在单位的重要骨干，他们的成功与成才，说明了人文社会科学的人才培养要走理论与实践相结合的路子。王伟光认为，要积极鼓励研究生参加去地方挂职锻炼的"博士生服务团"，把专业知识运用到实际工作中去，把知识运用到实践中去，以使青年知识分子在实践中尽快成长。

到社科院研究生院新校园植树

为更好地落实中央要求，实施院工作会议提出的六大战略，中国社会科学院党组又及时召开改革工作座谈会。会上，陈奎元同志就社科院的改革工作作了重要讲话，全面论述了社科院改革的必要性、重要性，目的、任务和步骤。王伟光代表该院党组作了主题发言《深化改革，加强适应哲学社会科学创新体系的管理体制机制建设》，在报告中他提出发人深省的"三问"：为什么要改革？改革什么？怎样改革？并一一作了响亮的回答。他说："我们要向改革要成果，向改革要人才，向改革要效益，向改革要出路。"

王伟光在采访时说，"我院的中心工作就是科研，全院一切工作都要围绕科研工作来开展，一切工作都要有利于科研工作，都要以科研为中心，都要以是否有利于科研工作作为首要的检验标准。"正是在这个意义上，社科院党组提出了科研强院的战略。

很快，中国社会科学院党组形成了《深化管理体制机制改革的方案》，为加强领导院党组还成立了改革协调小组，各个口的改革实行分管院长制，稳步推进。

当前，我国经济社会发展处于历史上的最好时期，也处于关键时期。在采访中，王伟光说："发挥好思想库和智囊团作用，使科学研究完全服从服务于党和国家工作大局，完全融入建设和发展中国特色社会主义的实践中，在党和政府决策的酝酿、制定和执行等各个环节随时提供充分的知识储备和理论支持，提供有重要价值的咨询、论证和建议，这是中国社科人的心愿。为了共同的心愿，为了共同的追求，我们全院同志在陈奎元同志和院党组领导下，在共同研究发展与改革的大课题，在共同撰写改革与创新的大文章，在共同努力科研强院的大事业。"

七、聚焦中国问题，开创马克思主义中国化研究新境界*

——访中国社会科学院常务副院长王伟光

本刊记者

王伟光，1950年出生于辽宁丹东，祖籍山东海阳。1981年毕业于北京大学哲学系，获哲学学士学位，1982年考入中共中央党校理论部，获哲学硕士和哲学博士学位。中国共产党第十七届中央委员会候补委员。曾任中共中央党校副校长。现任中国社会科学院常务副院长，教授、博士研究生导师。兼任中国马克思主义研究基金会理事长，中国辩证唯物主义研究会会长，邓小平理论研究会会长。担任马克思主义理论研究和建设工程咨询委员会委员、首席专家，马克思主义理论一级学科、哲学一级学科学术带头人，是中国共产党第十六次、十七次全国代表大会代表，第十届全国人大代表、全国人大法律委员会委员。1987年获国务院颁发的"国家有突出贡献的博士学位获得者"荣誉称号，享受政府特殊津贴。长期从事马克思主义哲学、马克思主义基本理论、马克思主义中国化、中国特色社会主义重大实践问题的研究与教学，特别是对中国特色社会主义理论与实践、社会主义社会矛盾和发展动力、正确处理新时期人民内部矛盾问题、利益理论和社会主义初级阶段的利益关系及利益矛盾、社会主义改革开放的重大理论和实际问题、科学发展观和社会主义和谐社会理论进行了深入的研究。出版学术著作三十余部，主要有：《社会主义矛盾、动力与改革》、《经济利益、政治秩序、社会稳定》、《谈谈新时期人民内部矛盾问题》、《利益论》、《科学发展观的研究与实践》、《科学发展观基本问题》、《构建社会主义和谐社会的理论与实践》、《社会主义和谐社会理论基本问题》、《效率、公平、和谐》、

---

* 该文原载于《哲学动态》2010年第1期。

《建设社会主义新农村的理论与实践》、《党校工作规律研究》、《王伟光自选集》、《王伟光讲习录》。主编的著作主要有：《马克思主义基本问题》、《"三个代表"重要思想研究》、《"三个代表"重要思想概论》、《科学发展观概论》、《社会主义通史》（八卷本）。译著主要有：《历史与阶级意识》、《西方政治思想概论》等。在《人民日报》、《光明日报》、《求是》、《中国社会科学》、《哲学研究》等国家级报刊杂志上发表论文三百余篇。多篇论文为《新华文摘》转载。

问：作为当今中国著名马克思主义哲学家和理论家，您自二十世纪八十年代末"博士论文"期间就形成了自己独特的理论研究特色，即始终将学术研究的重心置于用马克思主义的世界观和方法论探索当代中国的现实问题，从而致力于马克思主义中国化的研究。对此，本刊在1994年曾以《现实的哲学必须研究现实的矛盾》为题对您进行过专访。近年来，您的马克思主义哲学与理论研究进一步深入，对诸多重大现实和理论问题有了新的研究和解答。十分感谢您再一次接受我们的专访。请您回顾一下您是如何形成这一治学理念和理论研究特点的。

答：我先说明一下，我既称不上马克思主义哲学家、理论家，更谈不上著名，充其量不过是马克思主义哲学工作者、理论工作者。

关于治学理念和理论研究，我在大学时期就认识到，要学好哲学，需要密切关注现实实际，善于运用马克思主义哲学世界观和方法论，运用分析与综合的科学的抽象方法，认识问题，说明问题。在学习与研究中要正确处理好几个关系，即广与深的关系、实践学习与读书学习的关系、研读马列原著与研读其他参考书籍的关系、研究现实问题与研究理论问题的关系。从事理论研究后，我为自己设计的研究方向是：以马克思主义哲学为指导，以现实生活为根基，以研究利益问题为基点，以中国特色社会主义实践为对象，以改革开放为主题，以正确认识和解决人民内部矛盾和诸多社会矛盾为课题，以寻求最大限度地发挥社会主义应有的发展动力为目的，探索出一条集教

到社科院研究生院新校园植树

学、研究和解决现实问题于一体的，从现实中来、到现实中去的哲学之路。
努力使自己成为一个忠诚于马克思主义、功底扎实、理论联系实际、有益于
人民的理论人才。

为了实现以上目标，我在理论研究中特别注意两方面的修养：一方面是自觉运用马克思主义立场、观点和方法；另一方面是理论联系实际，关注现实问题，着眼于应用。我认为，仅仅把研究马克思主义作为职业，解决谋生问题，这不是正确的态度。要立志做联系实际的马克思主义秀才，为了认识和解决现实问题，要把马克思主义作为指南，认真阅读、深入钻研马克思主义经典作家原著，打下扎实的理论基础，从而切实地为推进马克思主义中国化作出贡献。

如何实现马克思主义哲学中国化的创新探索，主要焦点和难点在于如何抓住重大现实问题，找准马克思主义哲学与中国社会重大现实问题的结合点，将马克思主义哲学的基本原理、时代精神和新的社会实践有机结合起来。在实际的理论研究中，捕捉住一个重大现实问题并不难，但做起来却非常之难。把设想变成理论，不但需要勇气和智慧，更需要不怕失误的胸怀和气度。在创新的征途上是没有退路的，理论只有在回答现实问题的过程中才能获得新的生命力。进行哲学研究和创新的主要途径是"两头抓"：一是抓历史源头，到马克思主义哲学宝库中，到中华民族哲学和外国哲学中探求哲学理念；二是抓现实源头，结合时代精神，针对改革开放的鲜活实践，站在马克思主义哲学立场上加以分析和回答，企求哲学的概括和升华。

问：问题是时代的先声。罗素在1922年出版过一本《中国问题》，将中国问题归结为文字问题、儒学问题、科考问题。时隔八十余年，中国社会发生了翻天覆地的变化，尤其是当前市场经济条件下，各种问题层出不穷，亟待理论界予以回答。您在2001年出版的专著《利益论》据说已有三版，对当前中国亟待解决的突出问题、诸多矛盾和问题的总根源——利益问题进行了全面探索，在思想理论界产生了广泛影响。请问您今天如何看待利益问题？

答：利益问题的确是一个重大的现实问题，也是一个严肃的哲学理论问题。我在《利益论》这部专著中主要从理论层面、现实层面两个方面全面论述了利益问题。可以说，一切社会问题都可以从利益上找到根源，找到原因，找到答案。在上一次访谈中我也谈到，要发展马克思主义历史唯物主义，就要善于概括历史唯物主义的基本理论，利益论就是其中的重要问题之一，也是历史唯物主义研究中的难点、热点范畴。

从哲学史上来看，正是由于接触了现实生活中的物质利益问题，才推动马克思和恩格斯转向对现实经济关系的研究，创立了唯物史观。也正是从唯物史观出发，马克思和恩格斯正确地说明了利益的本质、特点及其历史作用，阐述了追求利益是人类一切社会活动的动因；利益纠纷是阶级斗争产生的物质根源；利益冲突具有推动社会发展的动力作用；利益是思想的基础，利益决定思想，决定并支配政治权力和政治活动；物质的生产关系是利益的社会基础和本质等。马克思和恩格斯科学地说明利益范畴，建立了马克思主义关于利益问题的理论。

从历史的跨度来看，利益是社会历史变迁的内在动力。站在利益的角度可以透视整个人类社会，揭示社会历史之谜；从当今风云突变的国际形势来看，利益问题是左右国际局势的深层原因，从利益理论出发可以洞察世界格局变化的动向；从我国社会主义市场经济运行和改革开放的实践来看，如何正确处理社会主义初级阶段的利益关系，合理地调整利益结构，化解各种利益矛盾和冲突，建立有利于利益竞争和利益协调的社会体制，是关系到中国特色社会主义现代化建设成败与否的一个关键问题。依据马克思主义的利益原则认识和处理问题，可以正确认识和处理好社会主义初级阶段市场经济条件下的利益关系和利益矛盾，调动社会主义初级阶段社会各阶级、各阶层、各利益群体等方方面面的积极性，保持社会持续、稳定、和谐发展。利益牵动人们的每一根神经，左右人们的言行，是人们从事社会历史活动的内在动力。从马克思主义哲学角度论述利益理论，说明利益问题，是时代的需要、改革的需要、实践的需要。

问：历史实践证明，解决中国现实问题必须以马克思主义的立场、观点和方法为指导，这就对当前哲学社会科学理论界提出了"如何发展马克思主义"的重大课题，发展马克思主义的一个重要方面就是推进马克思主义中国化研究，那么，当前马克思主义中国化研究的切入点应该是什么？

答：哲学是时代精神的精华。从哲学的高度总结改革开放三十年来的历史经验并概括、提升、形成理论成果，应该是当前推进马克思主义中国化研究的一个切入点，也是哲学工作者应当关注的重大课题。

中国改革开放的基本经验之一就是坚持马克思主义基本原理与中国改革开放的具体实际相结合，实现马克思主义中国化的理论创新。坚持马克思主义基本原理的普遍性与中国实际的特殊性具体的、历史的统一，是中国共产党总结革命、建设和改革历史实践的首要经验。一部改革开放的实践发展史，也是一部马克思主义中国化的理论探索史。三十年来，中国共产党始终坚持以科学的态度对待马克思主义，不断根据变化了的实际推进马克思主义中国化，赋予马克思主义的基本原理以时代的和民族的内涵，用马克思主义中国化的最新成果指导改革开放的实践，成功地开辟出中国特色社会主义发展道路，取得了改革开放和社会主义现代化建设的辉煌成就。

改革开放三十年来的理论主题，就是解放思想、实事求是、与时俱进，构建中国特色社会主义理论体系，不断开创马克思主义中国化的新境界。中国共产党始终把"什么是马克思主义，怎样坚持和发展马克思主义"作为永恒的主题，不断推进马克思主义中国化的历史进程。在当今世情、国情突变的新形势下，回答"什么是马克思主义，怎样坚持和发展马克思主义"，必须清醒认识并科学回答三个基本问题，即"什么是社会主义，怎样建设社会主义"，"建设什么样的执政党，怎样建设执政党"，"实现什么样的发展，怎样发展"。在运用马克思主义立场、观点、方法回答这三个基本问题的过程中，中国共产党人形成了一系列紧密联系、相互贯通的新思想、新观点、新论断，形成并不断发展了中国特色社会主义理论体系。邓小平理论、"三个代表"重要思想和科学发展观既一脉相承又与时俱进，都坚持从实际出发，注重总结改革开放不同时期、不同阶段的新鲜经验，注重探索和回答不同时期、不同阶段遇到的新矛盾、新问题，在理论创新和理论发展上都作出了独特贡献。这三大理论创新成果既相互贯通又层层递进，共同构成了中国特色社会主义理论体系，成功实现了马克思主义中国化的第二次历史性飞跃，构成马克思主义中国化的最新成果。

从马克思主义思想史角度来看，总结改革开放三十年的思想进程，具有重大意义。正如改革开放的实践不可能一帆风顺一样，中国特色社会主义理论体系的形成发展、马克思主义中国化的发展进程，也是在同各种思想观点、社会思潮的相互激荡中实现的。世界社会主义和中国社会主义建设实践的正反两方面的经验教训，引发了思想上的大解放，带来了改革开放的大发展，而改革开放实践上的大变革又带来了思想上的大解放，推动了理论上的大创新：真理标准问题的争论、计划与市场问题的争论、人道主义和异化问题的争论、姓"社"姓"资"判断标准的争论、股份制的争论，等等。尽管有资产阶级自由化、经济私有化、新自由主义、民主社会主义等错误思潮先后粉墨登场，企图影响中国特色社会主义的改革方向和发展道路，但中国共产党人始终坚持马克思主义意识形态的指导地位，坚持把马克思主义的普遍真理与中国实际相结合，在引领、抵制、批判、扬弃不同思想观念、社会思潮的过程中，逐步形成并不断丰富、完善马克思主义中国化的最新成果——中国特色社会主义理论体系，成为改革开放新时期意识形态的主脉，成为现代化建设新时代精神的精华，成为引领当代中国特色发展的理论号角。

问：改革开放的伟大实践确实极大推进了马克思主义中国化进程，但任何理论的形成都不可能一蹴而就，改革开放的伟大实践在促成马克思主义理论的新发展中，需要有一定的社会历史前提，对于这个前提，您作何种理解？

答：我在纪念改革开放和关于真理标准问题的讨论三十周年、纪念中华人民共和国成立六十周年等一系列论文中，都十分强调必须在新的历史起点上坚定不移地继续解放思想。正是改革开放下的思想解放运动把马克思主义中国化研究推向了新境界，而马克思主义中国化的新的理论成果又反过来促进思想解放和改革开放。两者是相辅相成的。解放思想对马克思主义中国化研究的意义表现在：

首先，思想解放是社会变革的先导。思想是行动的先声。中国革命和建设事业的每次转折都是解放思想开路，从错误路线指导转到正确路线指导，从挫折走向成功，从低谷走向高潮，我国改革开放的成功，首先归功于解放思想的强大威力。

其次，改革开放的历史就是思想解放的历史，改革开放离不开解放思想。改革开放三十年的历史就是一部不断解放思想、实事求是、开拓创新、谋求发展的历史。比如，关于"实践是检验真理的唯一标准"大讨论中实践标准的重申与确认，主要是针对"两个凡是"的僵化观点，恢复和重新确立了马克思主义实事求是的思想路线，划清了辩证唯物主义和主观唯心主义的界限，是一次重大的思想解放。"三个有利于"标准的提出，主要是针对判断姓"资"姓"社"的固定僵化的思维定势，恢复和坚持历史唯物主义原理，划清了科学社会主义和各种空想社会主义的界限，是又一次思想解放。

再次，在新的历史起点上，坚持改革开放，需要继续解放思想。当前必须集中破解"实现什么样的发展，怎样发展"这一时代课题，不断创新发展理念、发展思路、发展模式、发展方法，切实推进改革开放，真正落实科学发展观，走出一条科学发展、社会和谐之路。

三十年前，在重大历史转折关头，广大马克思主义理论工作者以高度的社会责任感，以科学求实、勇于探索的精神和巨大理论勇气，积极投入真理标准问题的讨论，写下了浓墨重彩的一页。今天，在改革开放和现代化建设的新征程上，要继续解放思想，开拓进取，保持良好的精神状态，深化马克思主义中国化理论研究，推进马克思主义理论创新，为中国特色社会主义事业的发展作出新的贡献。

问：经过解放思想和理论探索，我们党形成了一系列关于马克思主义中国化的创新成果，其中，当前最新的并将对中国社会未来发展产生深远影响的成果是什么？

答： 一是科学发展观。一定的发展观受一定的世界观和方法论的指导。科学发展观是我们党创造性地运用马克思主义世界观、方法论，说明和解决中国发展问题的马克思主义中国化的最新成果。它科学地回答了"实现什么样的发展，怎样发展"这一基本问题。也就是说，搞清楚了中国特色社会主义的发展规律、发展理念、发展动力、发展主体、发展战略、发展思路、发展道路、发展模式、发展目标、发展规划、发展措施等一系列重大问题。科学发展观是马克思主义关于发展问题的世界观和方法论的集中体现。科学发展观既是建立在辩证唯物主义世界观、方法论基础上的辩证的发展观，又是建立在历史唯物主义基础上的唯物史观的发展观，也是尊重客观规律、按客观规律推进发展进程的马克思主义哲学认识论的发展观。科学发展观是推进中国特色社会主义健康、顺利发展必须遵循的基本原则和指导思想。当前，最迫切的任务就是破除不符合科学发展观要求的发展观念和做法，按照科学发展观的要求办事，促进我国社会实现以人为本、全面协调可持续的发展。

一是社会主义和谐社会理论。建设和谐社会是中国特色社会主义的内在要求和实现目标，也是我们所追求的理想。构建社会主义和谐社会不是从理论出发，而是从活生生的现实生活中提出来的重大命题，是从化解当前社会发展所存在的诸多矛盾和问题的现实需要出发而提出来的重大课题。因为有矛盾才要求和谐，矛盾多了，问题多了，才有了提出构建和谐社会的紧迫性和必要性。认识和谐，首先要认识矛盾，构建和谐社会，前提是认识和解决矛盾。不回答和不解决社会矛盾问题，就无法建设和谐社会。所谓和谐社会，不是否定矛盾，而是强调社会在解决矛盾的过程中求得统一与和谐。从理论和实践上看，社会主义和谐社会理论深化了关于社会主义本质及其重要特征的认识，拓宽了对中国特色社会主义的认识视野；深化了关于社会主义建设理论和指导思想的认识，拓宽了对社会主义发展规律的认识视野；深化了关于共产党执政任务的认识，拓宽了对共产党执政规律的认识视野，是马克思主义中国化的又一认识成果。

一是关于中国特色社会主义一系列重大理论与实践问题的研究成果。除了以上两个基本理论问题之外，中国特色社会主义的伟大实践，还给我们提出了一系列的实际问题和理论问题，需要我们破解。市场经济问题、经济增长问题、经济社会和人的全面发展问题、分配问题、"三农"问题、"人口、资源、环境"问题、"民生、民主和社会公平、正义"问题、政治体制改革问题、文化建设问题、社会道德建设问题、教育问题，等等，既是实际问题，又是理论问题，都需要运用马克思主义立场、观点、方法加以回答，并最终形成中国特色社会主义理论体系的创新成果，丰富马克思主义中国化的理论内涵。中国特色社会主义理论体系一方面可以提供系统总结和剖析社会主义作为思想、运动和实践的历史经验，有利于全面系统研究社会主义思想和运动史；另一方面，它也是对中国特色社会主义改革开放的实际问题的研究和总结，是马克思主义中国化的科学的理论体系。

问：您刚提到，作为马克思主义中国化研究最新成果之一的社会主义和谐社会理论，首先要研究和谐与矛盾的关系。深入到社会领域，如何正确处理社会和谐与社会各种矛盾之间的关系，既是一个重大理论问题也是一个重大现实问题，它的重要性在当前愈益凸显。请您就当前正确认识、处理社会现实矛盾及人民内部矛盾对构建和谐社会的重大意义做进一步的阐述。

答：好的。我国社会主义改革开放事业发展到今天，既取得了举世瞩目的伟大成就，同时又出现并遇到了一系列新问题、新矛盾，这些问题和矛盾是影响我国社会稳定与和谐的隐患，严重制约了中国特色社会主义事业的进一步发展。正因为有矛盾，而且这些矛盾还较为突出、较为紧张、较为尖锐，所以才提出构建社会主义和谐社会问题。从理论层面看，社会和谐与社会矛盾之间存在一个深层次的哲学问题，即和谐与矛盾的关系问题。构建社会主义和谐社会就要运用马克思主义对立统一观点，认识、分析并善于化解现实社会的矛盾。其中，要处理好三个重大关系：

一是社会和谐与社会基本矛盾的关系。在社会历史领域，生产力和生产关系、经济基础和上层建筑的矛盾是社会的基本矛盾，它们的矛盾运动推动社会不断向前发展。今天，虽然我国初步形成了有利于生产力发展的社会主义市场经济体制，有利于人民积极性发挥的社会主义民主政治体制，但生产关系与生产力、上层建筑与经济基础还有不适合的方面，这些方面仍然阻碍生产力的进一步发展和人民积极性的进一步发挥。所以，一定要针对影响发展的体制障碍继续深化改革，使生产关系进一步适应生产力的发展，使上层建筑进一步适应经济基础的要求。只有这样，才能从体制上解决好和谐社会的建设问题。

二是社会和谐与社会主义初级阶段主要矛盾的关系。社会主义初级阶段主要矛盾不是阶级斗争，而是不断提高的人民物质文化需要和相对落后的社会生产之间的矛盾。初级阶段的社会主要矛盾集中表现为人民在利益分配上的矛盾，一方面是相对落后的社会生产，另一方面又是人民不断增长的物质文化需要。日益增长的物质文化需要面对有限的、不能满足人民需要的社会生产，就使人民内部矛盾在物质利益分配上更加突出。因此，构建和谐社会，根本问题是正确处理初级阶段的主要矛盾。解决当前一些突出的社会问题和矛盾，归根结底靠发展，取决于生产力发展。这就要毫不动摇地坚持以经济建设为中心，以科学发展观为指导，实现又好又快的发展，为构建和谐社会奠定雄厚的物质基础。

三是社会和谐与人民内部矛盾的关系。当前，尽管我国各种关系基本协调，政局基本稳定，社会基本和谐。但是，应当清醒地看到，在基本协调、稳定、和谐的前提下，人民内部各类关系和矛盾出现了一些值得警惕的新问题，如社会差别问题、贫富差距和社会贫困问题、社会成员分化和流动问题、社会就业问题、群体性事件问题，等等。这些问题集中到一点就是，在经济持续增长、人民生活不断提高、不同程度地普遍得到实惠的情况下，人民内部一些关系与矛盾趋于复杂和紧张，存在某些不安定的隐患、不和谐的因素，影响社会协调与健康发展。对此，要从马克思主义理论的高度，科学认识人民内部矛盾的新问题、新动向、新形式、新特点，牢牢把握其发展变化的规律。要认识到：正确处理人民内部矛盾，是构建社会主义和谐社会，建设中国特色社会主义的必然要求；妥善协调各方利益关系，是正确处理人民内部矛盾的关键；领导与群众的矛盾是人民内部矛盾的重要方面。正确处理人民内部矛盾的基本思路包括：正确区分不同性质的矛盾，用不同性质的方法解决不同性质的矛盾，是正确处理人民内部矛盾的基本原则；把人民的根本利益作为党和国家机关一切工作的出发点和落脚点，是正确处理人民内部矛盾的总的方针；正确处理效率与公平的关系，在坚持效率的前提下，注意维护和实现社会公平，是目前正确处理人民内部矛盾的突出任务；形成相对均衡的利益分配格局和合理的社会成员构成结构，构建有利于社会和谐稳定发展的经济——政治体制，是正确处理人民内部矛盾的长效机制；提高领导干部正确处理人民内部矛盾，构建和谐社会，实现社会协调发展和全面进步的能力，是正确处理人民内部矛盾的关键环节。总之，改革和发展过程中出现的矛盾需要通过更进一步的改革和发展得以解决；高度认识和正确处理人民内部矛盾，对于构建社会主义和谐社会极端重要。

问：正如您将中国特色社会主义理论体系作为马克思主义中国化的最新成果之一，在当代中国，坚持和发展中国特色社会主义，就是坚持和发展马克思主义。这是一条成功的历史经验。历史驶入二十一世纪，世界社会主义运动已经显露走出低潮的某些端倪，开始呈现出若干新的特点。胡锦涛总书记最近也强调，应继续探索、把握社会主义现代化规律。那么，中国社会主义的伟大实践能为世界社会主义运动走向提供哪些经验？

答："什么是社会主义，怎样建设和发展社会主义"的确是当前世界社会主义运动的重大课题，这一问题又可以归结为社会主义发展道路问题。从中国社会主义实践反思社会主义发展道路，需要认真思考以下几个问题。

第一，当代社会主义发展的时代背景和国际环境问题。十月革命的爆发，第一个社会主义制度国家的诞生，标志社会主义运动由社会主义工人运动实践发展到社会主义建设实践，标志马克思恩格斯开创的社会主义运动进入到了当代社会主义发展阶段。到二战结束，社会主义进入到了发展的上升时期。从对时代的判断而言，列宁提出世界进入无产阶级革命和帝国主义时代的判断，十月革命、社会主义制度的建立是该时代的标志，也是该时代的重大历史性事件。二战之后，社会主义阵营的出现，特别是中国这个东方落后大国完成了新民主主义革命和社会主义革命，世界范围内形成了社会主义制度与资本主义制度、工人阶级意识形态与资产阶级意识形态相互较量的国际力量对比的态势和格局，社会主义力量处于上升发展期，资本主义力量处于下降停滞期。自上世纪六七十年代至八九十年代以来，力量对比却逐步发生了不利于社会主义而有利于资本主义的变化。资本主义通过改良，开始进入相对缓和、稳定的发展期，对此，邓小平提出和平与发展是两大时代主题的判断。

从国际走势来看，二十世纪八九十年代至今的二十余年中，国际环境发生了两次重大的历史性转折。第一次标志是我国1989年"六·四"政治风波和1991年苏东剧变事件，这使世界形势发生了自"二战"以来最为重大的变化与转折。通过这次转折，社会主义处于发展的低潮，现代资本主义处于相对缓和、稳定的发展期。随着这个历史性转折，我国及国际上出现了一系列新情况、新问题，这对中国当时及二十一世纪以来很长一段时间的社会主义现代化进程发生着深远的影响。中国坚定不移地继续推进1978年开始的改革开放，成功地开辟了中国特色社会主义的发展道路。第二次标志是2008年爆发的世界性金融危机，这对世界发展格局和中国特色社会主义建设将产生的影响仍无法估量。有句俗话"三十年河东，三十年河西"，短短二三十年的时间，中国特色社会主义的成功使世界社会主义运动开始走出低潮。而美国金融危机却使美国以及其他西方发达资本主义国家陷入危机困境，资本主义

陪同刘延东同志看望杨绛女士

的整体实力下降。二三十年前的世界性历史事件爆发是此消彼长，社会主义力量下降，资本主义力量上升；二三十年后的今天，又是此长彼消，社会主义力量上升，资本主义力量下降。金融危机的爆发使世界力量对比发生重大变化。一方面，西方资本主义谋求与我们合作，为我们创造了难得的发展机遇。另一方面，西方资本主义从骨子里是不希望我们发展起来的，加大了对我们的"两手策略"，特别是加大了在意识形态领域对社会主义中国的西化和分化，企图破坏我国稳定、和谐、发展的大好环境。这便是西藏"3·14事件"和新疆"7·15事件"发生的大环境。世情的大发展、大变革、大调整说明，世界当代社会主义和中国特色社会主义伟大事业的发展进入到了重要机遇时期。当前，影响世界形势变化的因素包括：世界多极化、经济全球化、科技进步、国际金融危机、世界经济格局、国际力量对比、全球思想文化的交流与交锋，等等。这些因素致使国际竞争和较量十分激烈，不确定、不稳定因素增多，给当代社会主义和我国发展带来新的机遇和挑战。全面分析当代社会主义发展所处的时代背景和国际环境，有利于明确我们面临的新任务，认清我们肩负任务的艰巨性、复杂性和繁重性。

第二，当代社会主义发展道路问题。我们知道，马克思主义的经典著作对科学社会主义的历史必然性、实现的必然途径和工人阶级革命都做了科学的论证，这是适于所有国家的普遍性的原则和真理。但是具体到每个国家，由于国情不同，社会主义革命、社会主义建设与发展的道路也不能完全一样。如果用完全一样的道路来套所有国家的具体情况，就会出现挫折和失败。中国特色社会主义道路的成功开创，无可辩驳地说明一个道理：必须走出一条适合本国国情的社会主义发展道路。苏东社会主义失败的教训从反面证明了这个道理。

第三，经济文化落后国家如何建设社会主义问题。这个问题实际上关系到如何认识马克思主义关于非资本主义道路的理论问题。而对这个问题的回答，不仅是关系到如何认识社会形态演变规律的重大理论问题，也是关系到对社会主义发展规律的根本认识问题，对社会主义代替资本主义历史必然性的根本认识问题，对"什么是社会主义，怎样建设社会主义"的根本认识问题。

马克思和恩格斯在创立、发展和丰富科学社会主义理论的过程中，一开始其注意力和着眼点主要是放在西方发达资本主义国家。但此后的社会实践发展促使他们开始注意并研究西方国家社会主义革命和东方国家社会主义革命和民族发展道路的不同情况，提出了非资本主义国家走社会主义道路的可能性问题。他们认为，在一定条件下，经济文化比较落后的国家可以不经过资本主义的充分发展阶段，跨越资本主义制度的"卡夫丁峡谷"，而进行社会主义革命，走上社会主义道路，实现社会形态的跨越式发展。为了进一步认识和理解马克思关于非资本主义道路理论，需要围绕以下四个方面：（1）马克思主义关于非资本主义道路理论，是在承认一般规律的前提下，对历史发展特殊规律的探索。一定要从本国的特殊性出发，来回答"什么是社会主义，怎样建设社会主义"问题。（2）马克思主义关于非资本主义道路理论，是在充分估计具体历史条件的前提下，对历史发展道路具体多样性的科学预测。这就告诉我们，各国的具体国情不同，社会主义的具体模式和建设社会主义的具体道路也应当是多样化的，而不能是只一个模式，仅一条道路，一定要从历史多样性出发，来回答"什么是社会主义，怎样建设社会主义"问题。（3）马克思关于非资本主义道路的理论，是在肯定社会形态的演进是一个自然历史过程的前提下，注意到作为历史主体的人对历史的选择作用。从中可以认识到，既要坚持社会发展是一个自然历史过程，又要承认人的主体能动性，一定要从历史决定论和历史选择论的辩证统一出发，来回答"什么是社会主义，怎样建设社会主义"问题。（4）马克思主义关于非资本主义道路理论，实际上只是一种审慎的设想，只是一种可能性的分析，尚需经过社会实践的验证。从中可以认识到，"什么是社会主义，怎样建设社会主义"既是一个理论问题，更是一个实践问题，只有随着社会主义实践的不断深入，随着不断的实践的检验，对这个首要的基本问题的认识，才能越搞越清楚，才能不断深化。

第四，当代社会主义的矛盾和发展动力问题。我在《社会主义矛盾、动力与改革》、《经济利益、政治秩序、社会稳定》中，运用马克思主义唯物史观的利益理论、矛盾理论、动力理论剖析了中国社会主义初级阶段的社会矛盾，论述了如何建立最大限度调动各方积极性、最大限度发挥社会主义制度优越性的经济——政治体制和机制，探索了实现共同富裕、建设社会主义现代化中国的道路问题，论证了改革开放是发展中国特色社会主义的强大动力。三十年的改革开放既是我们党领导的一场新的伟大革命，又是社会主义制度的自我完善和发展。在发展社会主义道路上，我们也总结出了一系列的经验：一是面对世界社会主义运动和我国社会主义建设的发展现状，面对发达资本主义国家继续发展的严峻挑战，必须着力回答社会主义与马克思主义的历史命运这一时代课题。二是深刻认识思想解放运动为中国特色社会主义实践和理论带来的伟大飞跃，思想解放在我国改革开放历程中起到了思想动力的巨大作用。三是进一步完善社会主义市场经济体制，努力推进中国特色社会主义的科学发展、和谐发展、和平发展。四是进一步推进改革开放的历史进程，推动马克思主义中国化取得新的进展，促进中国特色社会主义理论和体制创新。五是全面总结改革开放的历史经验，并把它上升为系统的理论，对于进一步推进改革开放，发展中国特色社会主义，丰富中国特色社会主义理论体系，是十分重要且必要的。

第五，马克思主义科学社会主义理论和中国特色社会主义理论体系的关系问题。有人曾提出这两种理论谁更高明的问题。对此，我认为应该换个角度来看。马克思提出的科学社会主义理论和中国特色社会主义理论，是既一脉相承又不断创新发展的关系。科学社会主义理论的一些基本原理和中国特色社会主义理论体系所坚持的基本原理是一致的。从这个意义上来讲，中国特色社会主义理论体系是继承了马克思主义科学社会主义原理。但是，科学社会主义是在一百多年前提出来的，其理论产生的历史环境和今天建设中国特色社会主义所遇到的现实环境已经不一样了。为此，必须要在马克思主义原有理论基础上有所前进，有所创新，有所发展，这也可以叫做更高明、更超越了。但是这个高明和超越是在继承基础上的高明和超越，是适合中国国情的高明和超越。

第六，当代社会主义实践经验的总结问题。回顾中国特色社会主义建设道路的探索进程，可以从中得出以下带有规律性的重要启示：一是必须始终坚持马克思主义思想路线，把科学社会主义的基本原理同中国的具体国情相结合；二是必须科学判断时代特征和正确把握时代主题，把科学社会主义基本原理同当今时代的具体世情相结合；三是必须始终不渝地坚持正确的理论、路线的指导。中国特色社会主义理论体系，是指导我们推进中国特色社会主义建设事业不断发展的强大思想武器；四是必须始终加强执政党的建设，永葆党的先进性，使党始终成为中国特色社会主义事业的坚强领导核心。

在这里需要说明的是，关于当代社会主义和中国特色社会主义的重大理论与实践问题，在我主编的八卷本《社会主义通史》的"总序"中已经做了全面的论述。

问：从马克思主义发展史来看，马克思主义的发展不是一帆风顺的。当前就有一种质疑马克思主义在全球化条件下介入现实及对现实说明力的声音，并把目光放在经典马克思主义对当代资本主义理解的局限性上。对此，我们一方面要进行客观的分析和批判，另一方面又要继承并创新马克思主义对资本主义的理论研究。我们看到，始自2007年8月的美国次贷危机引发并蔓延为全球性的金融危机。此次金融危机与马克思恩格斯所身处的时代所发生的资本主义经济危机在特点和形式上发生了很大的变化，那么，当前应该如何运用马克思主义立场、观点和方法科学认识美国金融危机的本质和原因？

答：确实如此。美国金融危机引发的全球性危机是当今时代进入二十一世纪以来具有重大历史意义的事件。当前，摆在我们面前的一项重要任务，就是运用马克思主义立场、观点和方法，科学揭示这场危机的深刻本质和根本成因，提出有效的规避和防范措施，建立制度保障和长效机制，保证中国特色社会主义健康、稳定发展。

第一，必须联系资本主义制度本质，认清金融危机的实质和原因。如果仅局限于从金融危机现象本身来看待这场危机，不联系私有制条件下商品和商品交换的二重性内在矛盾，不联系金融资本逐利本性，不联系资本主义制度本质，就难以看清危机的实质，难以认清资本主义制度是造成危机的根本原因。当前，理论界运用马克思主义立场、观点和方法，从本质上、从制度层面科学揭示危机产生的原因，预测危机的发展趋势，提出防范解救的措施，尚远远不够。其中，重要的一点就是，应该学会运用马克思揭示资本主义不可克服的内在矛盾及其历史必然灭亡趋势的科学方法，从资本主义经济最基本的细胞——商品的二重性内在矛盾入手开始分析、认识危机的成因和本质，从而揭示商品经济内在二重性矛盾只构成产生危机的可能，而资本主义私有制度使危机的产生成为必然现实。

　　第二，美国金融危机是资本主义制度性危机，具体的救市措施只能使危机得到暂时的缓解，但最终是无法克服的；市场经济与社会主义制度相结合，使防范规避危机成为可能。美国金融危机引发的全球性危机既是一场严重的金融危机，又是一场深度的经济危机、思想危机、意识形态危机、社会

视察社科院研究生院新校园建设工地

危机和资本主义制度危机，是资本主义的全面危机。这场危机反证了中国特色社会主义市场经济的成功。社会主义与资本主义、社会主义市场经济与资本主义市场经济的本质区别是生产资料占有方式的不同。资本主义生产资料私有制决定了商品经济二重矛盾引发的危机最终是无法避免的。社会主义市场经济决定了商品二重性矛盾可能会产生危机，而社会主义生产资料公有制又决定了危机是可以规避和防范的，一旦发生是可以治理和化解的。社会主义市场经济具有市场经济的特性，在社会主义制度条件下，商品内在矛盾是不可改变的，但可改变的只是它的不可克服性。

第三，资本主义与自由主义是两个层面的问题，一个是制度层面、本质层面，一个是体制层面、技术操作层面。波及全球的美国金融危机，使人们对新自由主义的市场经济治理理念和运行模式，进而对资本主义制度有了清醒的认识，对那些迷信自由主义、迷信资本主义的人不啻是一剂良药。然而迷信新自由主义和迷信资本主义又是两个层面的问题：前者是对资本主义运用何种理念、采取何种模式治理市场经济的迷信，后者则是对根本制度的迷信。当然，这两个迷信又是一致的，对新自由主义的迷信实质上就是对资本主义制度的迷信，对资本主义制度的迷信又会影响对新自由主义的迷信。新自由主义高度崇拜资本主义自由市场力量，因此，它本质上是反对社会主义制度的。当然，新自由主义关于市场经济的一些操作层面上的看法，以及在新自由主义理念指导下的一些举措也有合理性，我们是可以借鉴的。

关于自由资本主义的特征，马克思、恩格斯、列宁都做过深刻的剖析。当前，社会主义的发展、资本主义的内外交困、经济危机和社会危机的周期性爆发、当代资本主义的发展状况，都深刻说明马克思主义经典作家对资本主义内在本质的判断是正确的。当今发生的这场危机的直接原因来自于新自由主义的自由放任理念和政策，但深层原因是资本主义制度的固有矛盾，不能把危机仅归结于技术与管理操作层面，应从制度上找深刻原因。这次危机说明了自由主义治理理念和模式的破产，更说明了资本主

记忆中的我

义制度的必然灭亡性。

第四，应对金融风险，既要治标，更要治本，既要从操作层面、体制层面，更要从制度层面全面采取防范规避措施。马克思关于资本主义基本矛盾和制度本质的分析思路和基本观点，为我们解析这场美国金融危机及其引发的全球性危机，以及思考如何有效规避防范危机，提供了重要启示。一是要从私有制条件下商品及商品交换的内在矛盾出发，来认识资本主义制度不可克服的内在矛盾，进而认识这场危机的内在原因及其制度本质。二是要从制度层面上认识社会主义市场经济与资本主义市场经济的一致与差别，科学解析社会主义市场经济发生危机的可能性和有效规避防范风险的可行性。三是必须充分认识市场经济和资本的两面性，发挥社会主义制度的优越性，规避市场经济和资本的消极面。四是要求我国应对金融风险，既要治标，又要治本，既要从操作层面、从体制层面上防范，更要从制度层面上加强防范。

问：全球化的发展，使当代中国处在"古今"、"中西"文化冲突的焦点。近年来，面对中国的崛起，在世界范围内炮制出各种版本的"中国威胁论"。雷默于2004年提出"北京共识"，从而引发了"中国模式"的世界普遍意义的讨论，这些都无疑给中国的哲学社会科学领域提出了新的要求和课题，我们当今应该如何坚持马克思主义基本原理，对中国发展道路问题开展卓有成效的研究？

答：应该说，这个问题的本质还是举什么旗、坚持和发展什么理论、走什么样的道路的问题。毋庸置疑，中国发展的成功是坚持走中国特色社会主义发展道路的结果。中国改革开放的历程，就是探索中国特色社会主义发展道路的历程。中国特色社会主义发展道路，就是在中国共产党领导下，立足基本国情，以经济建设为中心，坚持四项基本原则，坚持改革开放，解放和发展社会生产力，巩固和完善社会主义制度，建设社会主义市场经济、社会主义民主政治、社会主义先进文化、社会主义和谐社会，建设富强、民主、文明、和谐的社会主义现代化国家。中国特色社会主义发展道路的选择是历史的必然，是中华民族振兴、发展、繁荣的必由之路。胡锦涛总书记在党的十七大报告中指出："中国特色社会主义道路之所以完全正确、之所以能够引领中国发展进步，关键在于我们既坚持了科学社会主义的基本原则，又根据我国实际和时代特征赋予其鲜明的中国特色。"这一重要论断，深刻地揭示了中国特色社会主义道路的根本立论依据，为进一步深化改革开放和推动社会主义现代化建设指明了前进的方向。

第一，举什么旗、坚持和发展什么理论、走什么路，这是一个关系党和国家前途命运的根本问题。毛泽东同志曾说过："主义譬如一面旗帜，旗子立起来了，大家才有指望，才知所趋附。"正确的旗帜体现为正确的理论和道路，中国特色社会主义是中国发展进步的旗帜、团结奋斗的旗帜，是实现中华民族伟大复兴的唯一正确道路。新中国成立六十年的经验教训表明，只有高举中国特色社会主义大旗，坚持中国特色社会主义理论体系，走中国特色社会主义道路，才能发展中国。从新旧中国的对比中，从改革开放前后的对比中，从国内外的对比中，我们深切体会到，旗帜和道路问题是根本问题。中国的革命和建设必须以马克思主义为指导，在中国共产党领导下，高举社会主义大旗，走社会主义道路，这才是中华民族的正确选择。

第二，举什么旗、走什么路，必须和中国国情相结合，这是一个根本的道理。中国革命和建设六十年历程的全部经验证明：进行中国革命建设和改革，必须将科学社会主义的基本原理与我国的实际相结合，走中国特色社会主义的革命和建设道路。在选择发展道路过程中，要避免犯与中国建设实际相脱离的主观主义错误，如教条主义和急性病。所谓教条主义主要存在两个"照抄照搬"的毛病，一是离开中国建设实际，"照抄照搬"马克思主义的现成结论；再一个就是"照抄照搬"别国的发展模式。所谓急性病就是超越现实发展实际，超越现实生产力的实际，超越人民思想实际，脱离中国的实际，在指导思想上犯了"左"的错误，从而导致社会主义发展走了偏路。

第三，举什么旗、走什么路，必须坚持从初级阶段的基本国情出发，这是一个根本经验。我们正处于社会主义的初级阶段，这是中国最大的实际，有两个主要特点：一是生产力相对落后，市场经济发育不全，特别是农村生产力和生产方式更为落后。二是人民的文明和道德素质、思想素质比较低。这就决定了我们一定要从基本国情出发，来决定自己的发展道路，确立我们的政治、经济、文化体制。

第四，举什么旗、走什么路，必须坚持和发展中国特色社会主义理论体系，这是一个根本的结论。改革开放以来，我们所取得的一切成绩和进步的根本原因，归结起来就是开辟了中国特色社会主义道路，形成了中国特色社会主义理论体系，高举中国特色社会主义伟大旗帜，最根本的就是坚持这条道路和这个理论体系，社会主义的伟大旗帜就实践来说就是个道路问题。

第五，举什么旗、走什么路，必须坚持全面贯彻落实科学发展观，这是一个根本要求。科学发展观是同马克思列宁主义、毛泽东思想、邓小平理论和三个代表重要思想既一脉相承又与时俱进的科学理论，一定要从政治高度、全局高度、意识形态高度、改革的高度、战略的高度全面理解和把握科学发展观。

第六，中国发展道路的价值内涵包含三个方面的基本特征：科学发展、和谐发展与和平发展。这不仅集中反映了中国社会主义制度的本质要求，也深刻体现了深厚的中国历史文化传统的价值内涵。中国共产党人作为发展中国特色社会主义的核心力量，把科学发展、和谐发展、和平发展的根本原则作为指导发展的核心理念，这个核心理念就是科学发展观。

问：马克思主义哲学中国化是马克思主义中国化的重要组成部分。自二十世纪三十年代，马克思主义哲学中国化走过了一个逐渐发展和完善的历程。在现阶段，党的十七大从路径、主体、成果等方面对推进马克思主义中国化明确提出了新要求。那么，哲学社会科学工作者应如何对马克思主义哲学中国化最新成果进行概括提升和理论定位，如何扩展和深化马克思主义哲学中国化的内涵，从而如何将马克思主义中国化研究引向一个新境界？

答：第一，全面总结马克思主义哲学中国化和马克思主义中国化的历史经验，科学阐明马克思主义哲学中国化的历史必然性和现实必然性，拓展并创新马克思主义哲学中国化的科学内涵、表现形式和理论成果。马克思主义哲学中国化，就是把马克思主义哲学原理与中国实践相结合，坚持、继承、丰富和发展马克思主义哲学，吸收中国和外国哲学的精华，用中国气派、中国特色的哲学语言、哲学范畴和术语所建构的中国化的马克思主义哲学创新体系。中国化的马克思主义哲学是中国化的马克思主义的哲学依据和思想基础，而不断创新的中国化的马克思主义则是我们党领导人民取得新民主主义革命和社会主义革命胜利、推进社会主义建设、实施改革开放、开拓中国特色社会主义新局面的理论基础和指导思想。

第二，坚持马克思主义哲学正确的思想路线这一基本点。从思想路线上解决马克思主义哲学的"一般性"与"特殊性"的辩证关系问题，是解决好马克思主义哲学中国化问题的认识前提。八十多年来，中国共产党人创造性地把马克思主义揭示事物一般规律的一般原理，与中国的"具体环境"和"特殊条件"相结合，这就是马克思主义中国化，也是马克思主义哲学的中国化。也就是说，把马克思主义的一般原理应用于中国的"具体环境"和"特殊条件"，使之发生内容和形态的改变，形成适应中国实际需要的、具有中国内容和表现形态的中国化的马克思主义和中国化的马克思主义哲学。实现马克思主义中国化，必须从哲学高度理解"一般"与"特殊"的辩证关系：既要肯定"一般性"，坚持马克思主义的普遍原理；又要肯定"特殊性"，坚持马克思主义的中国化。肯定"特殊性"还有一个重要方面，就是民族性问题。马克思主义哲学是外来的哲学思想，马克思主义哲学中国化要求马克思主义哲学一定要与中华民族优良的哲学思想相结合，与中国的国情实际相结合。总之，把马克思主义哲学的一般原理与中国特殊国情相结合，这是马克思主义哲学中国化的真谛所在；把马克思主义与中国特殊国情相结合，这是马克思主义中国化的真谛所在。

第三，实现马克思主义哲学的时代化。时代化就是要求中国的马克思主义哲学研究要有世界眼光和胸怀，要同时代的发展和特征结合起来，把握时代主题，回答时代问题，回应时代挑战；吸收世界先进哲学思想，走在时代的前列，使哲学真正成为时代精神的精华。党的十七届四中全会《决定》第一次明确提出了推进马克思主义时代化的重大命题，使马克思主义"时代化"与"中国化"、"大众化"有机统一起来。这对准确把握马克思主义哲学时代化的丰富内涵和精神实质，对于我们更好地坚持马克思主义哲学的立场、观点、方法，不断丰富和发展中国马克思主义哲学理论体系，具有重要意义。

第四，实现大众化、普及化是马克思主义哲学中国化研究的一项重要使命。马克思主义哲学中国化实际上是由两方面的任务所组成的：一方面是把马克思主义哲学和中国实际相结合，创造马克思主义哲学中国化的理论成果；另一方面是让马克思主义哲学原理和马克思主义哲学中国化的理论成果为广大群众所接受。无疑，马克思主义哲学的通俗化、大众化属于后一种任务，它不仅是马克思主义哲学中国化的前提和基础，也是马克思主义哲学中国化的第一步重要工作。发展马克思主义哲学，就要使广大群众掌握马克思主义哲学。正确的思想一旦被广大群众所掌握就会转变为巨大的物质力量。为了实现中国化的马克思主义哲学的大众化、通俗化和普及化，就要真正把马克思主义哲学与中国实际相结合，把马克思主义哲学的真理用中国气派、中国风格、中国特色的哲学话语和思维形式加以表达，回答中国人民普遍关心而又百思不得其解的问题，就一定会引起民众的强烈共鸣，受到普遍欢迎。反之，马克思主义哲学通过大众化，为群众所接受，又会促进马克思主义哲学的进一步中国化和时代化。

第五，积极探索中国化的马克思主义哲学表述体系。中国化的马克思主义哲学教科书，可以说是马克思主义哲学在中国扎根的结果，是马克思主义哲学的一种中国化的内容表述体系，是马克思主义哲学的一种表现形态。

参加党的第十七次全国代表大会

历史上形成的马克思主义哲学中国化的经典教科书，都是马克思主义哲学中国化的可贵探索和发展创新，其中许多思想和做法，对马克思主义哲学中国化和马克思主义中国化的创新发展，至今仍具有启发和借鉴价值。它的意义在于，通过艰苦探索和反复打磨，探索出了中国化的马克思主义哲学表述体系，建构了一个普及用的中国化的马克思主义哲学体系，为以后探索、创新马克思主义哲学，建构马克思主义哲学新形态打下了坚实的基础。

第六，端正学风，以科学的精神创新发展中国化的马克思主义哲学。马克思主义哲学中国化的创新绝不仅仅是技巧问题，也不只是学术问题，而是对待马克思主义哲学的根本态度问题，即坚持理论联系实际的学风，以解放思想、实事求是、与时俱进的科学态度对待马克思主义哲学的学风问题。只有坚信马克思主义哲学是真理，努力吃透马克思主义哲学，把握好中国实际问题，力求把马克思主义哲学与中国实际相结合，赋予群众能够接受的形式，使之走出书斋，让马克思主义哲学中国化的理论成果在大众心中、特别是青年人心中扎下根来，才能真正变成人民群众改造客观世界和主观世界的真实的实践力量。马克思主义哲学中国化的研究和创新要真正体现马克思主义哲学的科学精神，这也是马克思主义哲学原理、马克思主义哲学中国化的理论成果能够深入人心、为人们所接受的重要条件。只有彻底的、科学的真理，才能真正大众化、通俗化、普及化，才能真正掌握群众。实现马克思主义中国化，必须使对马克思主义理论的宣传和研究科学化，以科学的精神来普及、宣传、研究和创新马克思主义。这是摆在我们哲学工作者和理论工作者面前的神圣而伟大的历史任务。

问：要进行卓有成效的哲学和社会科学研究，还要有独特且系统的方法论。当代社会和人类思维发展到今天，需要对以往的方法论系统进行深入反思并加以创新。在变化了的时代背景下，从事哲学和社会科学的研究者应秉持何种方法论展开理论研究？

答：我在上世纪七十年代末八十年代初读大学时，已经注意到了世界科学技术和科技思想的发展对哲学思维方式的发展变革所产生的作用。第二次世界大战后直至二十世纪六七十年代，科学界和思想界出现了系统论和系统科学、控制论与自动控制工程、信息论与信息工程以及耗散结构理论、熵理论、模糊逻辑理论、生命理论和生物学工程等新的突破，提出了系统哲学范畴，带来了人类哲学思维方式的重大发展。我参与编写的《控制论、信息论、系统科学与哲学》一书详细阐述了这一变化。

当前全球化、高科技、网络化、信息化等一系列重大因素的发展变化，引起了整个国际国内局势的深刻变化，引起了经济社会突飞猛进的发展变化，使得人类社会越来越成为一个复杂的、可变的、整体的巨系统，以致靠传统的思维方式和原有的认识工具已经很难认识这种复杂的社会巨系统。如何认识现代复杂的社会巨系统，要求人的思维方式和认识方式随之改变，要求运用新的认识工具，一句话，需要思维方式和认识工具的根本转变和创新。在当今时代，就要建设以系统思维方式、方法为指导，以"系统总体设计"思路为依据，以综合集成为特点，以计算机、数据库、网络、系统仿真等现代技术装备起来的"经济社会发展综合集成实验室"作为对社会复杂巨系统的新的认识工具。这就把用现代科学技术整合的实验室作为新的认识工具引进社会问题定量研究的轨道上，把系统思维方式和现代科技综合集成实验室认识手段应用到经济社会发展研究中，应用到哲学社会科学研究领域，以使人们科学地认识和把握、更好地防范与解决人类经济社会发展中面临和可能发生的全局性、长远性、突发性的重大问题。一定要站在哲学世界观、方法论的高度，从人类思维方式和认识方法、认识工具的根本变革角度，认识思维方式的变革，认识建设和运用"综合集成实验室"这个新的认识工具的意义。

现代复杂社会巨系统呈现出系统性、整体性、复杂性、突发性、可变性和随机性六大特性。认识现代社会复杂的巨系统问题，要求人们的思维方式要创新，认识工具要创新，要求人类思维方式、认识手段具有整体性和系统性、综合性和集成性、动态性和变化性、预测性和前瞻性等顺应时代需要的特点。系统整体的和综合集成的思维方式的主要特点在于：一是面对复杂的社会巨系统，要实现社会科学思维与自然科学思维相结合的变革，真正做到以哲学系统思维方式为指导的社会科学研究与自然科学研究的联合作战。二是面对复杂的社会巨系统，要实现定性分析思维与定量分析思维相结合的变革，在科学定量分析的基础上实现定量与定性相结合的分析。研究社会巨系统，不仅要面对经济问题，还要面对政治问题、文化问题以及各种各样的社会问题，这些都需要做科学的定量分析，没有定量也就没有定性。三是面对复杂的社会巨系统，要实现个体性思维和集体性思维相结合的变革。

与女儿在山东省乳山市

建立"经济社会发展综合集成实验室"，目的是促成人类对社会问题认识方法与手段的一次革命。这场革命要解决的一个难点问题，就是把对自然认识的实验室手段，运用到对社会问题的认识，就在于用实验室手段科学地捕捉、把握、认识和解释社会问题的不确定性、突发性、偶然性和人的有意识活动的主观能动性。这场革命的实质在于：其一，它是人类对社会问题的认识方法和手段的革命。用定量化的、逻辑运算的、仿真技术的实验室来认识社会，不仅使得人类对社会问题的认识从定性的解释和预言走向定量的解释和科学前瞻的预言，使人们可以建立起社会巨系统的数学模型，深入地理解和把握一些关键性的社会参变量，并开展一些探索性的模拟量化实验，从而实现对社会发展的有目的的调控。其二，它是哲学社会科学研究领域的一场革命。实现社会科学与自然科学的结合，用计算机和网络、用仿真技术、用实验室来进行重大社会科学课题的研究，这也是哲学社会科学研究方式、方法正在掀起的一场创新。由此必将带来社会科学与自然科学的交叉融合。其三，它是国家宏观决策和管理的一场革命。国家宏观决策的一个最重要的方法就是按照"从群众中来，到群众中去"的要求，进行调查研究，到基层去收集情况，然后进行综合分析，形成调查报告和决策建议，最后由决策层作出决定。传统的调查研究的方法要继承、要发扬，但是还要采用进一步的思维方式，把调查研究方法与最先进的科技手段和认识工具相结合，使得对社会问题的决策、论证可以运用实验室的手段来进行。这也是一个创新，也是一场革命。将有助于人们及时抓住经济社会创新和发展的历史机遇，使决策过程更加科学合理，使社会发展更为协调、平稳、健康。总之，应当从哲学思维方式和认识方法论的高度认识这场变革。

问：中国社会科学院担负着党和国家赋予哲学社会科学界的重大使命，中央要求把中国社会科学院建设成为马克思主义的坚强阵地、中国哲学社会科学的最高殿堂、党和国家的思想库和智囊团。您作为常务副院长，请谈谈我院在推进马克思主义中国化研究，加快构建哲学社会科学创新体系中的新举措。

答：党的第一代、第二代、第三代领导集体高度重视哲学社会科学。以胡锦涛同志为总书记的党中央为了发展、繁荣哲学社会科学，发布了《中共中央关于进一步繁荣发展哲学社会科学的意见》。党的十七大进一步明确了哲学社会科学的地位和作用，为哲学社会科学的发展指明了方向。我们要按照党中央对中国社会科学院职责定位的要求和构建哲学社会科学创新体系的目标，进一步理清发展思路和主要任务，坚持围绕中心，服务大局，解放思想，锐意进取。

第一，始终坚持马克思主义在哲学社会科学领域的指导地位，以中国特色社会主义理论体系为指导，把中国社会科学院建设成为研究和宣传马克思主义基本理论的坚强阵地，建设成为研究和宣传当代马克思主义中国化的重要阵地，建设成为研究和宣传中国特色社会主义理论体系特别是科学发展观的重要阵地。

第二，始终坚持学科体系、学术观点、科研方法创新，加快构建具有中国特色、中国话语体系、中国风格的哲学社会科学创新体系，努力把中国社会科学院建设成为哲学社会科学研究的最高殿堂。要进一步拓展学术视野和研究领域，改革和创新科研体制、科研机制、科研方法，培育新的学科和新的理论生长点，催生新的思想和观念，推动中国社会科学院哲学社会科学研究达到新水平，进入新境界。

第三，始终坚持为发展中国特色社会主义服务，加强重大理论和现实问题研究，努力把中国社会科学院建设成为重要的思想库和智囊团。在党和政府决策的酝酿、制定和执行等各个环节，随时提供充分的知识储备和理论支持，提供有重要价值的咨询、论证和建议。

第四，始终坚持以科研为中心，实施科研强院战略、人才强院战略和管理强院战略，深化管理体制、管理机制的改革与创新，努力把中国社会科学院建设成为具有中国特色的世界一流名院、强院。

第五，始终坚持开门办院原则，实施走出去战略，积极扩大国际学术交流，努力把中国社会科学院建设成为中国哲学社会科学走向世界的重要窗口。

八、丹凤扶贫行[*]

本报记者 周溯源

在陕西东南部有一个商洛市，商洛市有一个丹凤县，该县因县城南临丹江水、北依凤冠山而得名。全县人口30万，面积2416平方公里，有耕地23万亩，是一个"九山半水半分田"的土石山区农业县。虽然这里的广告词说"商鞅封地,平凹故里,秦岭明珠,丹凤朝阳"，但却是全国的贫困县。该县就是中国社会科学院的对口扶贫县。

倾心交谈，共话脱贫

5月10日至12日，由党组副书记、常务副院长王伟光同志带队，由科研部门、职能部门、直属机关的党政负责人组成的扶贫考察团，一行十七人到丹凤县进行了考察学习与帮贫。

10日下午四点半，考察团刚到达住地，顾不上歇息，撂下行李之后，就立即直奔六楼会议室，听取县委、县政府的工作汇报。

对考察团的代表来说，丹凤县十分熟悉。1987年我们就对商洛地区开展了扶贫工作，1993年起对丹凤县实行定点扶贫。有的同志来过两三次，文学所党委书记钟代胜十多年来，一直挂职丹凤县副县长，丹凤成了他的第二故乡。农发所党委书记杜晓山，社科院扶贫办主任、农发所副所长权兆能是丹凤的常客，对丹凤的情况较为了解。院图书馆党委书记赵燕平2006年曾与全院各所党办主任来丹凤考察调研。提起丹凤县，大家都有一种亲切感。

在汇报会上，商洛市委市政府、丹凤县委县政府主要领导回顾了我院对他们的帮扶工作，点点滴滴他们都记在心上。县委副书记、县长李吉斌说，

---

* 该文原载于2010年5月13日《中国社会科学报·社科院专刊》。

自从1993年在丹凤县定点扶贫近二十年来，中国社科院的领导班子虽然换了一届又一届，但支持帮助丹凤工作的决策一刻也没有动摇过，帮扶丹凤人民脱贫致富的工作一天也没有停止过，帮助我们转变观念，理清思路，争取项目，引进资金，培训技术，做了大量的实事、好事。据统计，十多年来，社科院通过各种渠道引进项目280个，投入和实施扶贫项目资金累计过亿元。丹凤的同志念念不忘在他们发展教育卫生事业遇到困难时，是社科院帮助他们建立了县乡村医生培训中心和妇幼保健培训基地，为之培养乡村医生、妇幼保健专业人员5000多人（次）；建立县职业教育培训中心，培训农村实用技术人才31000人（次），为丹凤农村经济发展培养了用得上、留得住的永久型人才；组织12000劳动力输前培训，为增加贫困人口的收入奠定了基础。同时还资助了一批在校大学生完成学业，引进、投入资金修缮、新建42所希望小学，建起3所乡卫生院和19所村卫生室，改善了山区的办学条件，解决了边远山区农民群众看病难的问题。丹凤的同志还动情地回忆起，在他们遭受1998年"7·9"和2007年"7·28"洪水灾害的关键时刻，我院职工为之捐资792万元，捐物4565件（折价255万元），维修中小学水毁楼舍38所，鼓舞了灾民恢复重建的信心。

听完汇报后，王伟光同志说，我们之所以选择丹凤县作为扶贫点，因为这里不仅历史悠久，是"商鞅封地"，"四皓隐居地"，更是浸染了革命先烈鲜血的红色土地，帮助丹凤人民脱贫致富是我们的职责。我们过去做了些工作，今后还要继续做下去。做好扶贫工作要有"三心"，一要热心，二要真心，三要实心。讲空话、套话、废话不能解决问题。我们社科院是财政拨款的事业单位，不管财，不管物，是个"穷单位"，咱们"穷帮穷"。但是中国社科院有37个研究所，有4000多名职工，有人才优势，智力优势，还有较多的社会关系，可以发挥自己所长，为丹凤人民脱贫致富、社会发展做些力所能及的工作。在座谈会上，受我们邀请、与我们一道前来扶贫的中国农业银行农村产业部经理王礼平同志表示，要协助社科院帮扶丹凤县，资金立

到陕西省丹凤县扶贫

项可倾斜，资金额度可大些，贷款利息可优惠，资金周期可长些，办理手续可简便些。会上大家畅所欲言，献计献策，亲如一家，气氛热烈，会议一直开到晚上七点多，意犹未尽。

实地考察，现场办公

5月11日，全天考察。在棣花镇看了万湾村的蔬菜大棚、养鸡大棚，在四方岭看了万亩良种核桃园，在皇台村看了养鸡大棚建设、千头肉牛场、牛饲料加工厂，参观了华茂牧业公司的千万只生态肉鸡屠宰加工生产线、仔鸡孵化车间，参观了豪丰制衣有限责任公司。每到一处，伟光同志和考察团成员同丹凤县领导、果农、菜农、企业家一起盘算产品的成本、价格、销路、利润，问得仔细，算得清楚。

在华茂牧业公司的会议室里，我们听取了公司董事长张丹英的情况介绍。他们想发展亿只生态鸡养殖加工项目，由父母代种鸡厂、孵化育种厂、商品代肉鸡养殖基地、饲料厂、肉联厂、熟食品加工厂、有机肥厂、污水处理站、产品研发中心九部分组成，现已完成第一期投产，第二期投资资金缺口较大。考察团的同志仔细听取了丹凤县同志的分析，认为只要加强经营管理，解决好市场、疫病防治的问题，这将是很有发展前景的一个大项目。他们根据经验算过账，由于丹凤山多地少，种粮（亩收入400元）不如种药材（800元），种药材不如种核桃（亩收入1500元），种核桃不如外出打工（年收入5000元），打工不如养猪（年收入20000元），养猪不如养鸡（年收入可达50000元），丹凤县应把养鸡业做大做强。中国农行先前也已对此项目做过调查论证。于是，中国农行、陕西省农行、商洛市农行当场表态，协调县政府提供优惠贷款1300万元，并且一个月到位。董事长张丹英等人立即笑逐颜开。

当考察团一行来到丹凤豪丰制衣有限公司就业培训中心时，看到这里正在同时开办家政、电脑、刺绣、制衣等培训班，教室里坐满了学员。他们的图书馆正是我们院前几年援建的。王伟光同志看到架上的图书品种不很丰富、新图书不多时，马上与院图书馆党委书记赵燕平同志商定，尽快帮助该图书馆再添置一批新的适用的图书，以满足学员学习的需要。

当考察团来到社科希望小学时，受到了师生们的热烈欢迎。这是我院援建的，校舍很美，场地洁净，绿草如茵。展室里摆满了多种获奖证书和奖杯，两位小学生汇报了他们编辑出版校报的情况。小学生是祖国的花朵，民族的未来。为了鼓励孩子们好好学习，立志成才，伟光同志与随行的秘书长黄浩涛同志、财计局局长张国宝同志现场商定，给小学捐赠10万元，成立社科育才基金，奖励品学兼优的学生和救济贫困生。考察团一行与学校教职工和学生代表合影留念，分别时依依不舍。

当丹凤县领导请求我们协助他们呼吁国务院和省委有关方面把丹凤列入

连片开发、整村推进示范县时，伟光同志代表大家表示，我院将尽力协助，并且可以有所作为。给钱给物是扶贫，帮助出主意、科学决策也是扶贫。在参观县城老街改建设计会馆时，伟光同志发现改建设计很宏大，提出疑问：改建后是否能招商引资？如果招商引资不足，房屋就会闲置，造成浪费。建议慎重决策。丹凤县领导表示将再做深入论证。

丹凤在前进，明天会更好

1993年，当我院确定在丹凤定点扶贫时，丹凤县生产总值2.14亿元，财政收入851万元，农民人均纯收入473元。经过近二十年的奋斗，有了巨大进步。2009年全县完成生产总值27.44亿元，与1993年相比，增长近十二倍；财政收入1.2亿元，增长十三倍；人均收入3014元，增长近六倍。这次来，我们看到的丹凤县，与西安相通的高速公路，大大缩短了交通时间；县内村村通电、通路，而且路面都硬化了；退耕还林已见成效，许多山地树林茂密，植被较好；新农村建设进度喜人，村村可以见到不少漂亮的瓦房、楼房，还有正在修建的成排成片的住宅楼，给人以美观舒适的遐想。大棚菜新鲜环保，质优高产；大棚鸡生机盎然，财源滚滚。民风淳朴，社会安定。丹凤人民正以自己的无穷智慧和勤劳双手，努力脱贫致富，积极创造幸福的生活。他们有明确的思路，那就是以科学发展观为统领，以突出发展、和谐稳定为主题，围绕"经济发展、城乡繁荣、社会和谐"三大目标，实施"项目带动、城镇带动、开放带动"三大战略，突出"工业提速、农业增效、旅游升级、城镇扩容、招商引资"五大重点，以产业化带动工业化，以工业化推进城镇化，实现经济建设和社会事业全面发展。

"春风杨柳万千条，六亿神州尽舜尧。"完全可以预期，只要丹凤人民坚持苦干实干，科学发展，明天会更好！

11日下午，考察团一行特地参观了丹凤县烈士陵园，向烈士纪念碑敬献了花圈，瞻仰了碑林，参观了展室，回顾了大革命时期红四方面军、红三方面军、红二十五军等在丹凤战斗的历史，缅怀了李先念、徐向前、徐海东、徐宝珊等革命先辈的光辉业绩和革命精神，是一次心灵的洗礼。而丹凤县的党组织、广大党政干部和群众，不畏困难，自力更生，艰苦奋斗，也是我们学习的榜样。正如王伟光同志所说的那样："扶贫是双向的，我们为丹凤人民扶贫，丹凤人民也为我们'扶贫'，为我们补课，补社会经验、生活实际、革命传统、创业精神的课。扶贫是很好的学习机会。"

12日清晨，考察团带着对丹凤县的感受，返程回京。临别，丹凤的人民说："你们要常来！"

我们回答："我们一定常来……"

图书在版编目（CIP）数据

记忆中的我/王伟光著. −北京：作家出版社，2011.12
ISBN 978 − 7 − 5063 − 6024 − 1

Ⅰ.①记… Ⅱ.①王… Ⅲ.①王伟光 − 自传
Ⅳ.①K825.1

中国版本图书馆 CIP 数据核字（2011）第 175616 号

记忆中的我

作　者：王伟光
责任编辑：罗静文
装帧设计：张晓光
出版发行：作家出版社
社址：北京农展馆南里 10 号　　　邮编：100125
电话传真：86 − 10 − 65930756（出版发行部）
　　　　　86 − 10 − 65004079（总编室）
　　　　　86 − 10 − 65015116（邮购部）
E − mail：zuojia@ zuojia. net. cn
http：//www. haozuojia. com（作家在线）
印刷：三河市华业印装厂
成品尺寸：170 × 240
字数：190 千
印张：14
版次：2011 年 12 月第 1 版
印次：2011 年 12 月第 1 次印刷
ISBN　978 − 7 − 5063 − 6024 − 1
定价：32.00 元